「意味順」だからできる！
小学生のための
英語総まとめ
ドリル 1
3・4年生

田地野 彰 監修　中川 浩 著
Tajino Akira　　Nakagawa Hiroshi

JN027704

Jリサーチ出版

保護者の皆様へ

1. はじめに

　小学校では、2020年度より、第3・第4学年で「外国語（英語）活動」がはじまり、第5・第6学年で「外国語科（英語の教科化）」が導入されました。小学校においても英語が「教科」として扱われることになり、「コミュニケーションを図る基礎となる資質・能力」の育成という目標のもと、「読むこと」や「書くこと」も学習対象に含まれることになりました。

　また、中学校や高校では「英語を英語で」学ぶことが推奨され、大学では英語で行われる授業が増えつつあります。しかしながら、いまだに「英語で文をつくれない」「英語は難しい」と、英語学習に悩む中学生や高校生、大学生は少なくありません。これまでの英語の学び方がいま問われています。

　本書では、新学習指導要領の内容をふまえ、文字や語彙、文構造（文の仕組み）などについて学んだ知識を、実際のコミュニケーションで活用できるようにするためにさまざまな工夫がなされています。具体的には、「意味順」を用いて「自分自身のことや家族、友達のこと、身の回りのこと、興味や関心のあること」など身近な話題や内容を英語で表現する力を養うことを目指します。（「意味順」の教育効果については、さまざまな研究により検証が行われ、その高い有効性は国内外の学術論文や専門書、学術会議などを通して発表されています。）

2.「意味順」で意味から直接、英文をつくる

2.1 英語の特性

　英語には「語句の順序が変わると意味も変わる」という特性があります。英語は語句の並べ方がとても重要な言語なのです。

　たとえば、Tom ate the apple.（トムはそのリンゴを食べた）と表現するところ、Tomとthe appleの語句の順序を逆にして、The apple ate Tom.（そのりんごがトムを食べた）と言えば、意味はまったく通じません。

　では、どのように語句を並べればいいのでしょうか？

　語句の並べ方（文構造）については、これまで「5文型」を用いた方法が一般的でした。ただ残念なことに、5文型で用いられる主語や動詞、目的語、補語といった文法用語が難解で、それが原因で英語が苦手になった生徒も少なくありません。

2.2「意味順」とは？

「意味順」とは、意味の観点から英語の文構造をとらえ直した「意味のまとまりの順序」のことです。

「だれが」「する（です）」「だれ・なに」「どこ」「いつ」

目的語や補語といった難解な文法用語を用いることなく、この順序（「意味順」）に沿って語句を並べると、次の表のように、意味の通じる英文をつくることができるのです！

だれが	する（です）	だれ・なに	どこ	いつ
I	am	Hiroshi.		
I	am	a student.		
I	am	happy.		
I	live		in Osaka.	
I	play	soccer	in the park	every day.

3．本書の使い方

テーマごとに、次の4つのステップで練習します。

[ステップ1] 絵を見ながら単語を書いて学ぶ

[ステップ2] 「意味順」を使ったやさしい説明で英文の仕組みを学ぶ

[ステップ3] 「意味順」で英語の順序に並べ替えられた日本語を参考にして英文を書く

[ステップ4] 絵と日本語文をヒントに「意味順」を使って英語の文をつくる

こどもたちが、本書をとおしてジグソーパズルのように、「意味順」を使って視覚的に英文の仕組みを理解し、楽しみながら英語を学習してくれることを願っております。

監修者　田地野　彰

（「意味順」考案者）

もくじ

テーマ1　自分・家族・友だち

テーマ2　身のまわりのもの

テーマ3　形・ようす・気持ち

テーマ4　わたしのすること

「意味順」って何のこと？

英語は、

だれが	する（です）	だれ・なに	どこ	いつ

という順番で意味がまとまっています。
この「意味のまとまりの順じょ」のことを「意味順」とよびます。

例えば、「ぼくは / イヌを / かっている」だったら、

だれが	= ぼくは（英語では "I"）

する（です）	= かっている（英語では "have"）

だれ・なに	= イヌ（英語では "a dog"）

という順じょに、英語を当てはめると

I have a dog.

という英語の文ができます。

とってもかんたんですよね！

このドリルでは、

だれが	する（です）	だれ・なに	どこ	いつ

を5つの「意味順」ボックスとよんでいます。

「意味順」ボックスを使えば、まるでパズルを当てはめていくように日本語を英語にしていくことができます。

言いたいことを英語で伝えられるように、いっしょに「意味順」を楽しみましょう！

5

この本のとくちょうと使い方

- だれが　する（です）　だれ・なに　の３つを中心とする「意味順」ボックスに当てはめるだけで正しい英語が書けるようになる！
- 「意味順」ボックスが色分けされており、小学生でもわかりやすい！
- 単語のなぞりから文を書くまでの４つのスモールステップをふむことで、英語の語順ルールが定着！
- 音声ダウンロード付きで、発音・リスニングの練習ができる！

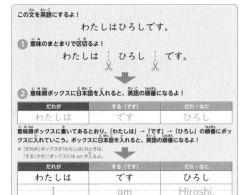

ステップ1

絵を見ながら単語を書いて学びます。

ステップ2

「意味順」ボックスを使った説明で、英文の形や作り方を学びます。

音声のトラック番号を表しています。

ステップ3 絵をみながら、音声を聞いて文をかんせいさせよう 00

❶ わたしはひさえです。

だれが	する（です）	だれ・なに
わたしは	です	ひさえ

名前は大文字からだよ

❷ わたしは少女です。

だれが	する（です）	だれ・なに
わたしは	です	少女

a をつけるよ

青木

❸ わたしは青木です。

だれが	する（です）	だれ・なに
わたしは	です	青木

❹ わたしは先生です。

だれが	する（です）	だれ・なに
わたしは	です	先生

しょく業もaをつけるよ

田中

❺ わたしは田中です。

だれが	する（です）	だれ・なに
わたしは	です	田中

❻ わたしは医者です。

だれが	する（です）	だれ・なに
わたしは	です	医者

ステップ4 自分で英語の文を作ってみよう。

Sota

わたしはそうたです。

だれが	する（です）	だれ・なに

わたしは少年です。

だれが	する（です）	だれ・なに

わたしはせいとです。

だれが	する（です）	だれ・なに

12

13

ステップ3

「意味順」ボックスで、英語の順番に並んだ日本語と絵を見ながら、英文を書きます。

ステップ4

絵と日本語文をヒントに、「意味順」ボックスを使って英語の文をつくります。

音声ダウンロードについて

この本の音声は、英語→日本語の順番に流れます。
単語と文の発音・リスニングの確認、練習にご活用ください。

> おうちの人に
> やってもらってね！

かんたん！ 音声ダウンロードのしかた

STEP1 商品ページにアクセス！ 方法は次の３とおり！
- 右のコードを読み取ってアクセス。

- **https://www.jresearch.co.jp/book/b606500.html** を入力してアクセス。
- Ｊリサーチ出版のホームページ（**https://www.jresearch.co.jp/**）にアクセスして、「キーワード」に書籍名を入れて検索。

STEP2 ページ内にある「音声ダウンロード」ボタンをクリック！

STEP3 ユーザー名「1001」、パスワード「25526」を入力！

STEP4 音声の利用方法は２とおり！学習スタイルに合わせた方法でお聴きください！
- 「音声ファイル一括ダウンロード」より、ファイルをダウンロードして聴く。
- ▶ボタンを押して、その場で再生して聴く。

※ダウンロードした音声ファイルは、パソコン・スマートフォンなどでお聴きいただくことができます。一括ダウンロードの音声ファイルは .zip 形式で圧縮してあります。解凍してご利用ください。ファイルの解凍がうまくできない場合は、直接の音声再生も可能です。

音声ダウンロードについてのお問い合わせ先：toiawase@jresearch.co.jp（受付時間：平日９時〜18時）

自分・家族・友だち

Lesson 1　自分について言う（じこしょうかい）

わたしは ひろしです。

言えること　自分の名前やしょく業など　　おもに使うたん語　I am

ステップ 1　たん語をおぼえよう

音声DL 02

●絵と数字を見ながら、英語をかいてみよう。音声もくりかえし聞こう！

❶ わたし	❷ です	❸ せいと
I	am	student
❹ 先生	❺ 少年、男の子	❻ 少女、女の子
teacher	boy	girl
❼ お父さん	❽ お母さん	❾ 医者
father	mother	doctor
❿ 歌手	⓫ ひろし	⓬ ひさえ
singer	Hiroshi	Hisae

この文を英語にするよ！

わたしはひろしです。

1 意味のまとまりで区切るよ！

わたしは ┊ ひろし ┊ です。

2 意味順ボックスに日本語を入れると、英語の順番になるよ！

だれが	する（です）	だれ・なに
わたしは	です	ひろし

意味順ボックスに書いてあるとおり、「わたしは」→「です」→「ひろし」の順番にボックスに入れていこう。ボックスに日本語を入れると、英語の順番になるよ！

▶「だれが」ボックスが「わたしは」のときは、「する（です）」ボックスには am が入るよ。

だれが	する（です）	だれ・なに
わたしは	です	ひろし
I	am	Hiroshi.

ボックスに入れた日本語の下のボックスに英語を入れよう！

I am Hiroshi.　完成！

●ちがう文も見てみよう！　「だれ・なに」ボックスにはしょく業を入れることもできるよ！

わたしはせいとです。

だれが	する（です）	だれ・なに
わたしは	です	せいと
I	am	a student.

英語で「わたしは○○です。」を表げんするときは、「わたしは」→「です」→「○○」の順に単語をボックスに入れていくよ。

▶「です」に使うのは「be 動詞」で、am、is、are の3つ。「だれが」に「わたしは」が入るときは、am を使うよ。

❶ わたしはひさえです。

だれが	する（です）	だれ・なに
わたしは	です	ひさえ

名前（なまえ）は大文字（おおもじ）からだよ

❷ わたしは少女（しょうじょ）です。

だれが	する（です）	だれ・なに
わたしは	です	少女

a をつけるよ

❸ わたしはあいこです。

だれが	する（です）	だれ・なに
わたしは	です	あいこ

❹ わたしは先生（せんせい）です。

だれが	する（です）	だれ・なに
わたしは	です	先生

しょく業（ぎょう）もaをつけるよ

❺ わたしはたかしです。

だれが	する（です）	だれ・なに
わたしは	です	たかし

❻ わたしは医者（いしゃ）です。

だれが	する（です）	だれ・なに
わたしは	です	医者

ステップ **4** 自分で英語の文を作ってみよう！ 05

わたしはそうたです。

だれが	する（です）	だれ・なに

しょうねん
わたしは少年です。

だれが	する（です）	だれ・なに

わたしはせいとです。

だれが	する（です）	だれ・なに

Lesson ② 相手について言う あいて　い

あなたはわたしの友だちです。 とも

言えること い ｜ 相手の名前やしょく業など あいて　なまえ　ぎょう ｜ おもに使うたん語 つか　ご you are my your

ステップ 1 たん語をおぼえよう ご

音声DL 06

●絵と数字を見ながら、英語をかいてみよう。音声もくりかえし聞こう！ え　すうじ　み　えいご　おんせい　き

❶ あなた	❷ です	❸ 友だち
you	are	friend
❹ クラスメイト	❺ チームメイト	❻ コーチ
classmate	teammate	coach
❼ 日本人	❽ アメリカ人	❾ わたしの
Japanese	American	my
❿ あなたの	⓫ かれの	⓬ かのじょの
your	his	her

この文を英語にするよ！

あなたはわたしの友だちです。

1 意味のまとまりで区切るよ！

あなたは ┊ わたしの友だち ┊ です。

2 意味順ボックスに日本語を入れると、英語の順番になるよ！

だれが	する（です）	だれ・なに
あなたは	です	わたしの友だち

意味順ボックスに書いてあるとおり、「あなたは」→「です」→「わたしの友だち」の順番にボックスに入れていこう。「わたしの○○」のように「わたしの」を入れたいときは my を使うよ。ボックスに日本語を入れると、英語の順番になるよ！

▶「だれが」ボックスが「あなたは」のときは
「する（です）」ボックスには are が入るよ。

だれが	する（です）	だれ・なに
あなたは	です	わたしの友だち
You	are	my friend.

ボックスに入れた日本語の下のボックスに英語を入れよう！

You are my friend. 完成！

● ちがう文も見てみよう！　「だれ・なに」ボックスにはしょく業を入れることもできるよ！

あなたはわたしのクラスメイトです。

だれが	する（です）	だれ・なに
あなたは	です	わたしのクラスメイト
You	are	my classmate.

英語で「あなたは○○です。」を表げんするときは、「あなたは」→「です」→「○○」の順に単語をボックスに入れていくよ。

▶「だれが」に「あなたは」が入るときは、are を使うよ。

① あなたは日本人です。

だれが	する（です）	だれ・なに
あなたは	です	日本人

② あなたは先生です。

だれが	する（です）	だれ・なに
あなたは	です	先生

③ あなたはアメリカ人です。

だれが	する（です）	だれ・なに
あなたは	です	アメリカ人

④ あなたはわたしのチームメイトです。

だれが	する（です）	だれ・なに
あなたは	です	わたしのチームメイト

⑤ あなたはわたしの先生です。

だれが	する（です）	だれ・なに
あなたは	です	わたしの先生

⑥ あなたはわたしの友だちです。

だれが	する（です）	だれ・なに
あなたは	です	わたしの友だち

ステップ4 自分で英語の文を作ってみよう！

さくらはせいとです。

だれが	する（です）	だれ・なに

あなたはリサです。

だれが	する（です）	だれ・なに

あなたはかのじょの先生です。

だれが	する（です）	だれ・なに

Lesson ③ 家族について言う

かのじょはわたしの妹です。

言えること 家族の名前やしょく業など　　おもに使うたん語 he she is

ステップ 1 たん語をおぼえよう

●絵と数字を見ながら、英語をかいてみよう。音声もくりかえし聞こう！

❶ かれ	❷ かのじょ	❸ です
he	she	is
❹ お兄さん	❺ 弟	❻ お姉さん
older brother	younger brother	older sister
❼ 妹	❽ おじいさん	❾ おばあさん
younger sister	grandfather	grandmother
❿ おじさん	⓫ おばさん	⓬ かんごし
uncle	aunt	nurse
⓭ けいさつかん	⓮ しょうぼうし	⓯ パイロット
police officer	firefighter	pilot

この文を英語にするよ！

かのじょはわたしの妹です。

1 意味のまとまりで区切るよ！

かのじょは ┆ わたしの妹 ┆ です。

2 意味順ボックスに日本語を入れると、英語の順番になるよ！

だれが	する（です）	だれ・なに
かのじょは	です	わたしの妹

意味順ボックスに書いてあるとおり、「かのじょは」→「です」→「わたしの妹」の順番にボックスに入れていこう。ボックスに日本語を入れると、英語の順番になるよ！

▶「だれが」ボックスが「かのじょは」のときは、「する（です）」ボックスには is が入るよ。

だれが	する（です）	だれ・なに
かのじょは	です	わたしの妹
She	is	my younger sister.

ボックスに入れた日本語の下のボックスに英語を入れよう！

She is my younger sister.　完成！

●ちがう文も見てみよう！　「だれ・なに」ボックスにはしょく業を入れることもできるよ！

かれは医者です。

だれが	する（です）	だれ・なに
かれは	です	医者
He	is	a doctor.

英語で「かのじょ / かれは○○です。」を表げんするときは、「かのじょ / かれは」→「です」→「○○」の順に単語をボックスに入れていくよ。

▶「だれが」に「かのじょ / かれは」が入る場合、is を使うよ。

ステップ **3** 絵をみながら、音声を聞いて文をかんせいさせよう！

① かれはゆうたです。

だれが	する（です）	だれ・なに
かれは	です	ゆうた

② かれはわたしのお兄さんです。

だれが	する（です）	だれ・なに
かれは	です	わたしのお兄さん

③ かのじょはあきこです。

だれが	する（です）	だれ・なに
かのじょは	です	あきこ

④ かのじょはわたしの妹です。

だれが	する（です）	だれ・なに
かのじょは	です	わたしの妹

⑤ かのじょはひかるです。

だれが	する（です）	だれ・なに
かのじょは	です	ひかる

⑥ わたしはかのじょのお姉さんです。

だれが	する（です）	だれ・なに
わたしは	です	かのじょのお姉さん

ステップ 4 自分で英語の文を作ってみよう！

かのじょはめぐみです。

だれが	する（です）	だれ・なに

かれはなおゆきです。

だれが	する（です）	だれ・なに

かのじょはかれのおばさんです。

だれが	する（です）	だれ・なに

勉強した日　　　月　　　日

Lesson ④ まわりの人たちについて言う

かのじょらはミュージシャンです。

言えること わたしたち、かれら、など、ふく数の人についてのせつ明　**おもに使うたん語** we you they our your their

ステップ 1 たん語をおぼえよう

音声DL 14

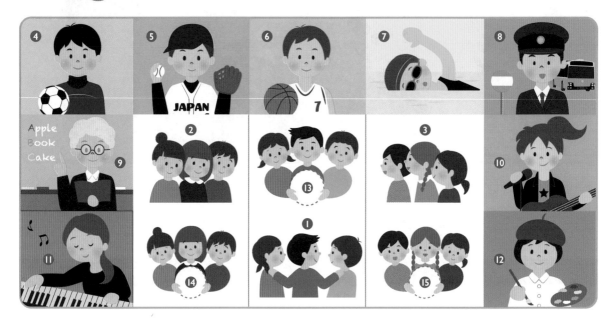

●絵と数字を見ながら、英語をかいてみよう。音声もくりかえし聞こう！

❶ わたしたち	❷ あなたたち	❸ かれら・かのじょら
we	you	they
❹ サッカー選手	❺ 野球選手	❻ バスケットボール選手
soccer player	baseball player	basketball player
❼ 水泳選手	❽ バスドライバー	❾ 英語の先生
swimmer	bus driver	English teacher
❿ ミュージシャン	⓫ ピアニスト	⓬ 画家
musician	pianist	painter
⓭ わたしたちの	⓮ あなたたちの	⓯ かれらの・かのじょらの
our	your	their

この文(ぶん)を英語(えいご)にするよ！

かのじょらは ミュージシャンです。

① 意味(いみ)のまとまりで区切(くぎ)るよ！

かのじょらは ✂ ミュージシャン ✂ です。

② 意味順(いみじゅん)ボックスに日本語(にほんご)を入(い)れると、英語(えいご)の順番(じゅんばん)になるよ！

だれが	する（です）	だれ・なに
かのじょらは	です	ミュージシャン

意味順(いみじゅん)ボックスに書(か)いてあるとおり、「かのじょらは」→「です」→「ミュージシャン」の順番(じゅんばん)にボックスに入(い)れていこう。「だれが」ボックスにふく数(すう)を意味(いみ)するたん語(ご)が入(はい)るとき、「だれ・なに」ボックスに入(はい)る単語(たんご)のおしりに -s、または -es をつけるよ。ボックスに日本語(にほんご)を入(い)れると、英語(えいご)の順番(じゅんばん)になるよ！

▶「だれが」ボックスが「かのじょらは」のときは、「する（です）」ボックスには are が入(はい)るよ。

だれが	する（です）	だれ・なに
かのじょらは	です	ミュージシャン
They	are	musicians.

ボックスに入(い)れた日本語(にほんご)の下(した)のボックスに英語(えいご)を入(い)れよう！

They are musicians. 完成(かんせい)！

●ちがう文(ぶん)も見(み)てみよう！ 「だれ・なに」ボックスにはしょく業(ぎょう)を入(い)れることもできるよ！

わたしたちはサッカー選手(せんしゅ)です。

だれが	する（です）	だれ・なに
わたしたちは	です	サッカー選手
We	are	soccer players.

英語(えいご)で「わたしたちは○○です。」を表(ひょう)げんするときは、「わたしたちは」→「です」→「○○」の順(じゅん)に単語(たんご)をボックスに入(い)れていくよ。

▶「だれが」に「わたしたち / あなたたち / かのじょら / かれら」が入(はい)るときは、are を使(つか)うよ。

① わたしたちは野球選手です。

だれが	する（です）	だれ・なに
わたしたちは	です	野球せん手

s をつけるよ

② あなたたちはバスケットボール選手です。

だれが	する（です）	だれ・なに
あなたたちは	です	バスケットボールせん手

s をつけるよ

③ かれらは画家です。

だれが	する（です）	だれ・なに
かれらは	です	画家

s をつけるよ

④ かのじょらはミュージシャンです。

だれが	する（です）	だれ・なに
かのじょらは	です	ミュージシャン

s をつけるよ

Shiho

⑤ しほはバスドライバーです。

だれが	する（です）	だれ・なに
しほは	です	バスドライバー

a をつけるよ

⑥ かのじょはかれらのバスドライバーです。

だれが	する（です）	だれ・なに
かのじょは	です	かれらのバスドライバー

ステップ4 自分で英語の文を作ってみよう！

 17

かれはトムです。

だれが	する（です）	だれ・なに

かのじょはマリアです。

だれが	する（です）	だれ・なに

かれらはわたしたちの英語の先生です。

だれが	する（です）	だれ・なに

まとめ会話ドリル

もんだい 1　最初の文をヒントに、□□□□□からことばをえらんでください。「　」の文を英語で言います。意味順ボックスに英単語を入れて文を完成させましょう。

音声DL 18

❶ わたしはボールを使います。シュートが得意です。

「わたしは　　　　　　　です。」

| パイロット　バスケットボール選手　水泳選手　コーチ |

だれが	する（です）	だれ・なに

❷ あなたはとても高い場所で働いています。

「あなたは　　　　　　　です。」

| パイロット　バスケットボール選手　水泳選手　コーチ |

だれが	する（です）	だれ・なに

❸ ひろしは町の安全を守っています。

「ひろしは　　　　　　　です。」

| 先生　医者　けいさつかん　かんごし |

だれが	する（です）	だれ・なに

❹ ひさえは小学校で働いています。

「ひさえは　　　　　　　です。」

| 先生　医者　けいさつかん　かんごし |

だれが	する（です）	だれ・なに

もんだい2　しつもんに答えます。【　　】のことばを使って「　」の文を英語で言います。意味順ボックスに英単語を入れて文を完成させましょう。

音声DL 19

❶「ともこはだれですか。」

「かのじょは...　　　　　　　　　　。」

【わたしのお母さん】

だれが	する（です）	だれ・なに

❷「何のしょく業ですか。」

「かのじょは...　　　　　　　　　。」

【医者】

だれが	する（です）	だれ・なに

❸「ゆうたとはるきはだれですか。」

「かれらは...　　　　　　　　　。」

【わたしの友だち】

だれが	する（です）	だれ・なに

❹「何の選手ですか。」

「かれらは...　　　　　　　　。」

【野球の選手】

だれが	する（です）	だれ・なに

もんだい3 下の絵を見ながら、質問に答えます。意味順ボックスに英単語を入れて文を完成させましょう。

音声DL 20

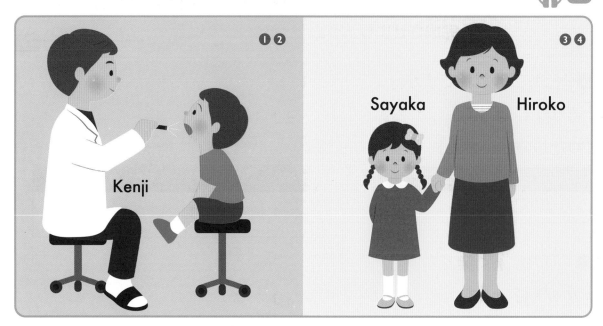

Sayaka　Hiroko

Kenji

Q① 白い服を着ているのはだれですか？

だれが	する（です）	だれ・なに

Q② かれのしょく業は何ですか？

だれが	する（です）	だれ・なに

Q③ 赤い服を着ているのはだれですか？

だれが	する（です）	だれ・なに

Q④ かのじょのお母さんはだれですか？

だれが	する（です）	だれ・なに

Lesson ① いろいろなものについてせつ明しよう①

あれはノートです。

| できるようになること | 「これは〜です」「それは〜です」「あれは〜です」 | おもに使うたん語 | this it that is |

ステップ 1 たん語をおぼえよう

●絵と数字を見ながら、英語をかいてみよう。音声もくりかえし聞こう！

❶ これ	❷ あれ	❸ それ
this	that	it
❹ ペン	❺ えんぴつ	❻ 消しゴム
pen	pencil	eraser
❼ 本	❽ ノート	❾ 教科書
book	notebook	textbook
❿ まんが	⓫ いす	⓬ つくえ
comic book	chair	desk
⓭ ふでばこ	⓮ スマートフォン	⓯ テーブル
pencil case	smartphone	table

この文を英語にするよ！

あれはノートです。

① 意味のまとまりで区切るよ！

あれは ┊ ノート ┊ です。

② 意味順ボックスに日本語を入れると、英語の順番になるよ！

だれが	する（です）	だれ・なに
あれは	です	ノート

意味順ボックスに書いてあるとおり、「あれは」→「です」→「ノート」の順番にボックスに入れていこう。ボックスに日本語を入れると、英語の順番になるよ！

▶ 「だれが」ボックスが「あれは」のときは、「する（です）」ボックスには is が入るよ。

だれが	する（です）	だれ・なに
あれは	です	ノート
That	is	a notebook.

ボックスに入れた日本語の下のボックスに英語を入れよう！

That is a notebook. 完成！

● ちがう文も見てみよう！

これは消しゴムです。

だれが	する（です）	だれ・なに
これは	です	消しゴム
This	is	an eraser.

これまでは「だれが」ボックスに人物を表すたん語を入れていたけど、「これは」「あれは」「それは」も同じ。「だれが」ボックスに入れるよ。

▶ 「です」ボックスには「is」が入るよ。

▶ 「これ」「あれ」「それ」を使うときは、「だれ・なに」ボックスには「もの」や「こと」を表すたん語を入れて、そのたん語の前に「a」または「an」を入れよう。

ステップ **3** 絵をみながら、音声を聞いて文をかんせいさせよう！

❶ これは本です。

だれが	する（です）	だれ・なに
これは	です	本

❷ あれはノートです。

だれが	する（です）	だれ・なに
あれは	です	ノート

❸ あれはまんがです。

だれが	する（です）	だれ・なに
あれは	です	まんが

❹ それはスマートフォンです。

だれが	する（です）	だれ・なに
それは	です	スマートフォン

❺ それはいすです。

だれが	する（です）	だれ・なに
それは	です	いす

❻ あれは教科書です。

だれが	する（です）	だれ・なに
あれは	です	教科書

ステップ 4 自分で英語の文を作ってみよう！

あれはけいこです。

だれが	する（です）	だれ・なに

これはかのじょのえんぴつです。

だれが	する（です）	だれ・なに

あれはしょうへいです。

だれが	する（です）	だれ・なに

これはかれのふでばこです。

だれが	する（です）	だれ・なに

Lesson ② いろいろなものについてせつ明しよう②

これはかれのリュックです。

できるようになること だれの持ち物か、だれの兄弟か、言えるようになる　**おもに使うたん語** this that is her his ～'s

ステップ 1 たん語をおぼえよう

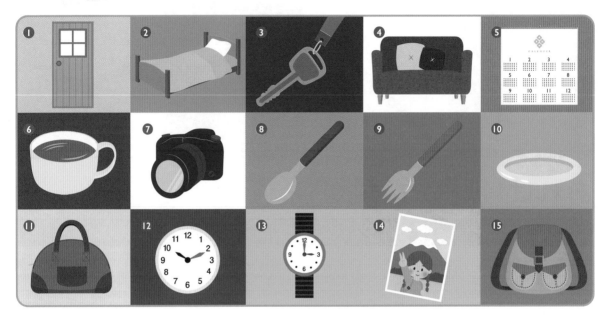

●絵と数字を見ながら、英語をかいてみよう。音声もくりかえし聞こう！

❶ ドア	❷ ベッド	❸ カギ
door	bed	key
❹ ソファー	**❺ カレンダー**	**❻ カップ**
sofa	calendar	cup
❼ カメラ	**❽ スプーン**	**❾ フォーク**
camera	spoon	fork
❿ お皿	**⓫ バッグ、かばん**	**⓬ 時計**
dish	bag	clock
⓭ うで時計	**⓮ 写真、絵**	**⓯ リュック**
watch	picture	backpack

この文を英語にするよ！

これはかれのリュックです。

1 意味のまとまりで区切るよ！

これは ┊ かれのリュック ┊ です。

2 意味順ボックスに日本語を入れると、英語の順番になるよ！

だれが	する（です）	だれ・なに
これは	です	かれのリュック

意味順ボックスに書いてあるとおり、「これは」→「です」→「かれのリュック」の順番にボックスに入れていこう。ボックスに日本語を入れると、英語の順番になるよ！

だれが	する（です）	だれ・なに
これは	です	かれのリュック
This	is	his backpack.

ボックスに入れた日本語の下のボックスに英語を入れよう！

This is his backpack.　完成！

●ちがう文も見てみよう！

あれはひろしのスプーンです。

だれが	する（です）	だれ・なに
あれは	です	ひろしのスプーン
That	is	Hiroshi's spoon.

「だれだれの○○」と言うときは、「a」や「an」はつけません。かわりに次のたん語をつけます。
「わたしの→ my」「あなたの→ your」「かれの→ his」「かのじょの→ her」

▶ 「ひろしの○○」など、人の名前の場合は Hiroshi's ○○のように名前のあとに「-’ s」をつけよう。そのときも「a」はつけないよ。

❶ これはお皿です。

だれが	する（です）	だれ・なに
これは	です	お皿

a をつけるよ

❷ これはあなたのカップです。

だれが	する（です）	だれ・なに
これは	です	あなたのカップ

a のかわりに your をつけよう

❸ あれはバッグです。

だれが	する（です）	だれ・なに
あれは	です	バッグ

a をつけるよ

❹ あれはかれのリュックです。

だれが	する（です）	だれ・なに
あれは	です	かれのリュック

a のかわりに his をつけよう

❺ それはかのじょの写真です。

だれが	する（です）	だれ・なに
それは	です	かのじょの写真

a のかわりに her をつけよう

❻ これはひさえのうで時計です。

だれが	する（です）	だれ・なに
これは	です	ひさえのうで時計

〜 's にすると「だれだれの」になるよ

ステップ **4**　自分で英語の文を作ってみよう！　音声DL 28

これはしほの写真です。

だれが	する（です）	だれ・なに

これはなみえです。

だれが	する（です）	だれ・なに

これはかのじょの妹です。

だれが	する（です）	だれ・なに

これはなみえのバッグです。

だれが	する（です）	だれ・なに

Lesson ③　いろいろなものについてせつ明しよう③

これらは切手です。

できるようになること 2つ以上のものについてかんたんに言うことができる　**おもに使うたん語** these those they ~'s

ステップ ① たん語をおぼえよう

音声DL 29

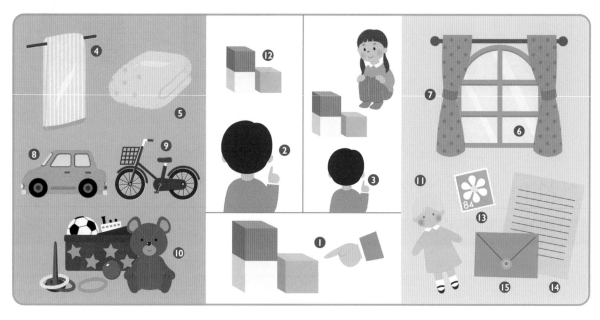

●絵と数字を見ながら、英語をかいてみよう。音声もくりかえし聞こう！

❶ これら	❷ あれら	❸ それら
these	those	they
❹ タオル	❺ バスタオル	❻ まど
towel	bath towel	window
❼ カーテン	❽ 車	❾ 自転車
curtain	car	bicycle
❿ おもちゃ	⓫ 人形	⓬ はこ
toy	doll	box
⓭ 切手	⓮ 手紙	⓯ ふうとう
stamp	letter	envelope

この文を英語にするよ！

これらは切手です。

1 意味のまとまりで区切るよ！

これらは ┊ 切手 ┊ です。

2 意味順ボックスに日本語を入れると、英語の順番になるよ！

だれが	する（です）	だれ・なに
これらは	です	切手

意味順ボックスに書いてあるとおり、「これらは」→「です」→「切手」の順番にボックスに入れていこう。ボックスに日本語を入れると、英語の順番になるよ！

▶「だれが」ボックスが「これらは」のときは、「する（です）」ボックスには are が入るよ。

だれが	する（です）	だれ・なに
これらは	です	切手
These	are	stamps.

ボックスに入れた日本語の下のボックスに英語を入れよう！

These are stamps.　完成！

● ちがう文も見てみよう！
あれらは封筒です。

だれが	する（です）	だれ・なに
あれらは	です	ふうとう
Those	are	envelopes.

「これら / あれら / それらは」は、「だれが」ボックスに入れるよ。どれも「ふく数」を意味するので、「する」ボックスには「are」を入れよう。

▶「だれ・なに」ボックスのたん語はふく数を意味するので、語びに -s または -es をつけるよ。

① これらは車です。

だれが	する（です）	だれ・なに
これらは	です	車

-s をつけるよ

② あれらは自転車です。

だれが	する（です）	だれ・なに
あれらは	です	自転車

-s をつけるよ

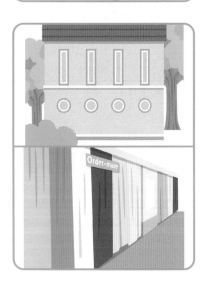

③ あれらはまどです。

だれが	する（です）	だれ・なに
あれらは	です	まど

-s をつけるよ

④ あれらはカーテンです。

だれが	する（です）	だれ・なに
あれらは	です	カーテン

-s をつけるよ

⑤ それはあなたの人形です。

だれが	する（です）	だれ・なに
それは	です	あなたの人形

a のかわりに your をつけよう

⑥ それらはおもちゃです。

だれが	する（です）	だれ・なに
それらは	です	おもちゃ

ステップ 4 自分で英語の文を作ってみよう！ 32

わたしたちは水泳選手です。

だれが	する（です）	だれ・なに

これはバスタオルです。

だれが	する（です）	だれ・なに

これらはバスタオルです。

だれが	する（です）	だれ・なに

わたしたちは友だちです。

だれが	する（です）	だれ・なに

Lesson ④ いろいろなものについてせつ明しよう④

それらはかのじょのスニーカーです。

できるようになること　2つ以上のものについていろいろ言うことができる　　おもに使うたん語　these　those　they ~'s

ステップ 1　たん語をおぼえよう

 33

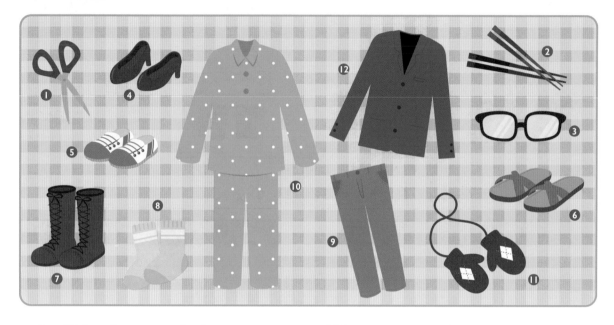

● 絵と数字を見ながら、英語をかいてみよう。音声もくりかえし聞こう！

❶ ハサミ	❷ はし	❸ めがね
scissors	chopsticks	glasses
❹ くつ	❺ スニーカー	❻ サンダル
shoes	sneakers	sandals
❼ ブーツ	❽ くつした	❾ ズボン
boots	socks	pants
❿ パジャマ	⓫ 手ぶくろ	⓬ ジャケット
pajamas	gloves	jacket

意味順ボックスで文の形をおぼえよう！

この文を英語にするよ！

それらはかのじょのスニーカーです。

1 意味のまとまりで区切るよ！

それらは ┊ かのじょのスニーカー ┊ です。

2 意味順ボックスに日本語を入れると、英語の順番になるよ！

だれが	する（です）	だれ・なに
それらは	です	かのじょのスニーカー

意味順ボックスに書いてあるとおり、「それらは」→「です」→「かのじょのスニーカー」の順番にボックスに入れていこう。ボックスに日本語を入れると、英語の順番になるよ！

だれが	する（です）	だれ・なに
それらは	です	かのじょのスニーカー
They	are	her sneakers.

ボックスに入れた日本語の下のボックスに英語を入れよう！

They are her sneakers. 完成！

● ちがう文も見てみよう！

これらはわたしの手紙です。

だれが	する（です）	だれ・なに
これらは	です	わたしの手紙
These	are	my letters.

「これらは、あれらは、それらは〇〇です。」の文を作るときは、「だれ・なに」ボックスにはふく数のたん語が入るよ。ブーツなどペアになっているたん語はすでに -s または -es がついているよ。

① これらはくつです。

だれが	する（です）	だれ・なに
これらは	です	くつ

すでに s がついているよ

② これらはズボンです。

だれが	する（です）	だれ・なに
これらは	です	ズボン

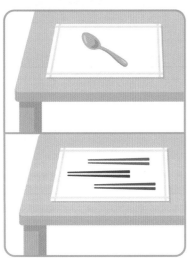

③ あれはスプーンです。

だれが	する（です）	だれ・なに
あれは	です	スプーン

a をつけるよ

④ あれらはおはしです。

だれが	する（です）	だれ・なに
あれらは	です	おはし

すでに s がついているよ

⑤ これはかれのジャケットです。

だれが	する（です）	だれ・なに
これは	です	かれのジャケット

a のかわりに his をつけよう

⑥ それらはかのじょのスニーカーです。

だれが	する（です）	だれ・なに
それらは	です	かのじょのスニーカー

her をつけるよ

ステップ **4** 自分で英語の文を作ってみよう！

わたしはともこです。

だれが	する（です）	だれ・なに

これはわたしのバッグです。

だれが	する（です）	だれ・なに

これらはわたしのメガネです。

だれが	する（です）	だれ・なに

これらはわたしの手ぶくろです。

だれが	する（です）	だれ・なに

まとめ会話ドリル

もんだい1 最初の文をヒントに、[＿＿＿＿＿]からことばをえらんでください。「　」の文を英語で言います。意味順ボックスに英単語を入れて文を完成させましょう。

🎧DL 37

❶ 図書館で勉強するので、持ってきました。

「これはわたしの　　　　　　　　です。」

教科書　おもちゃ　スプーン　スニーカー

だれが	する（です）	だれ・なに

❷ そこにあるのはなんですか？

「　　　　　　　　はわたしのスニーカーです。」

これ　あれ　それ　これら

だれが	する（です）	だれ・なに

❸ ほんとだ。いまは8時ですね。

「あれは　　　　　　　です。」

カメラ　コンピューター　時計　タオル

だれが	する（です）	だれ・なに

❹ とおくに何かがおいてあります。

「　　　　　　　はわたしのてぶくろです。」

これ　これら　あれ　あれら

だれが	する（です）	だれ・なに

もんだい2 しつもんに答えます。【　　】のことばを使って「　」の文を英語で言います。意味順ボックスに英単語を入れて文を完成させましょう。

音声DL 38

❶「だれのパジャマですか。」

「これらは...　　　　　　　　　。」

【ひろしのパジャマ】

だれが	する（です）	だれ・なに

❷「これはだれのベッドですか。」

「これは...　　　　　　　　。」

【かれのベッド】

だれが	する（です）	だれ・なに

❸「あなたのおねえさんはなんの選手ですか。」

「わたしの...　　　　　　　　。」

【水泳選手】

だれが	する（です）	だれ・なに

❹「それはなんですか。」

「　　　　　　　　... です。」

【かのじょのバスタオル】

だれが	する（です）	だれ・なに

もんだい **3**

下の絵を見ながら、質問に答えます。意味順ボックスに英単語を入れて文を完成させましょう。

音声DL 39

Q ❶ あれらはだれですか？

だれが	する（です）	だれ・なに

Q ❷ これらは何ですか？

だれが	する（です）	だれ・なに

Q ❸ それはだれのものですか？

だれが	する（です）	だれ・なに

Q ❹ それらはだれのものですか？

だれが	する（です）	だれ・なに

形・ようす・気持ち

勉強した日　　　月　　　日

Lesson ① どんな形・ようすか、伝えよう

ひさえはねむいです。

できるようになること　人やものの見た目のとくちょうについて言うことができる　　おもに使うたん語　be 動し　形ようし

ステップ 1　たん語をおぼえよう

●絵と数字を見ながら、英語をかいてみよう。音声もくりかえし聞こう！

❶ ハンサムな	❷ カラフルな	❸ 大きい
handsome	colorful	big
❹ 小さい	❺ 長い	❻ 短い
small	long	short
❼ うれしい・幸せな	❽ 悲しい	❾ ねむい
happy	sad	sleepy
❿ いそがしい	⓫ 親しみやすい	⓬ 暑い
busy	friendly	hot
⓭ 寒い	⓮ 太い	⓯ 細い
cold	thick	thin

この文を英語にするよ！

ひさえはねむいです。

① 意味のまとまりで区切るよ！

ひさえは ✂ ねむい ✂ です。

② 意味順ボックスに日本語を入れると、英語の順番になるよ！

だれが	する（です）	だれ・なに
ひさえは	です	ねむい

意味順ボックスに書いてあるとおり、「ひさえは」→「です」→「ねむい」の順番にボックスに入れていこう。ボックスに日本語を入れると、英語の順番になるよ！

だれが	する（です）	だれ・なに
ひさえは	です	ねむい
Hisae	is	sleepy.

ボックスに入れた日本語の下のボックスに英語を入れよう！

> ### Hisae is sleepy.　完成！

● ちがう文も見てみよう！

しょうへいは親しみやすいです。

だれが	する（です）	だれ・なに
しょうへいは	です	親しみやすい
Shohei	is	friendly.

「だれが」ボックスに入っている英たん語について、そのじょうたいを表すたん語を形ようしと言うよ。たとえば、かわいい、あつい、など。「～い」で終わるものが多いね。これら形ようしは「だれ・なに」ボックスに入れよう。

▶ 「だれ・なに」ボックスに形よう詞しか入らないときは、a, the , -s は使わないよ。

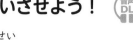

① トムはわたしの先生です。

だれが	する（です）	だれ・なに
トムは	です	わたしの先生

② かれはハンサムです。

だれが	する（です）	だれ・なに
かれは	です	ハンサム

③ リサは歌手です。

だれが	する（です）	だれ・なに
リサは	です	歌手

④ かのじょは親しみやすいです。

だれが	する（です）	だれ・なに
かのじょは	です	親しみやすい

⑤ さくらは幸せです。

だれが	する（です）	だれ・なに
さくらは	です	幸せ

⑥ さくらは悲しいです。

だれが	する（です）	だれ・なに
さくらは	です	悲しい

なつかとゆりこはクラスメイトです。

だれが	する（です）	だれ・なに

> 「〜と」は and をつかうよ

なつかはいそがしいです。

だれが	する（です）	だれ・なに

ゆりこはねむいです。

だれが	する（です）	だれ・なに

Lesson ② どんなじょうたいか、つたえよう

わたしはおなかがすいています。

できるようになること　人やもののようすや、そのときのじょうたいについて言うことができる　おもに使うたん語　be 動し 形ようし

ステップ **1** たん語をおぼえよう

●絵と数字を見ながら、英語をかいてみよう。音声もくりかえし聞こう！

❶ 強い	❷ 弱い	❸ 早い
strong	weak	fast
❹ おそい	❺ いい	❻ 悪い
slow	good	bad
❼ わかい	❽ 年をとった	❾ おなかがすいて（いる）
young	old	hungry
❿ 人気がある・人気もの	⓫ のどがかわいて（いる）	⓬ きんちょうして（いる）
popular	thirsty	nervous
⓭ おこって（いる）	⓮ つかれて（いる）	⓯ 元気な
angry	tired	fine

この文を英語にするよ！

わたしはおなかがすいています。

1 意味のまとまりで区切るよ！

わたしは ┊ おなかがすいて ┊ います。

2 意味順ボックスに日本語を入れると、英語の順番になるよ！

だれが	する（です）	だれ・なに
わたしは	います	おなかがすいて（いるじょうたい）

意味順ボックスに書いてあるとおり、「わたしは」→「います」→「おなかがすいて」の順番にボックスに入れていこう。ボックスに日本語を入れると、英語の順番になるよ！

だれが	する（です）	だれ・なに
わたしは	います	おなかがすいて（いるじょうたい）
I	am	hungry.

ボックスに入れた日本語の下のボックスに英語を入れよう！

I am hungry.　完成！

●ちがう文も見てみよう！

わたしのお父さんはおこっています。

だれが	する（です）	だれ・なに
わたしのお父さんは	います	おこって（いるじょうたい）
My father	is	angry.

「〜い」で終わる形ようし以外にも、「だれが」ボックスに入っている人やもののじょうたいを表すことができるよ。「おなかがすいている」とか「つかれている」とかがそうだね。この場合は、文のさい後が「〜です」ではなく「〜います」になるよ。

▶ 英語では、「だれ・なに」ボックスに形ようしを入れることでかん単に文を作ることができるよ。

① わたしのおじいさんは年をとっています。

だれが	する（です）	だれ・なに
わたしのおじいさんは	います	年をとって（いるじょうたい）

② かれはつかれています。

だれが	する（です）	だれ・なに
かれは	います	つかれて（いるじょうたい）

形よう詞には a がつかないよ

③ けいこはいい友だちです。

だれが	する（です）	だれ・なに
けいこは	です	いい友だち

a をつけるよ

④ かのじょは人気ものです

だれが	する（です）	だれ・なに
かのじょは	です	人気もの

形よう詞のみには a がつかないよ

⑤ わたしのコンピューターはおそいです。

だれが	する（です）	だれ・なに
わたしのコンピューターは	です	おそい

⑥ あなたのコンピューターは速いです。

だれが	する（です）	だれ・なに
あなたのコンピューターは	です	速い

ステップ4 自分で英語の文を作ってみよう！

けいとゆうたはけいさつかんです。

だれが	する（です）	だれ・なに

「〜と」は and をつかうよ

けいは強いです。

だれが	する（です）	だれ・なに

ゆうたはわかいです。

だれが	する（です）	だれ・なに

ゆうたはきんちょうしています。

だれが	する（です）	だれ・なに

Lesson ③ どんな人か、伝えよう
あなたは親切です。

できるようになること　人やもののとくちょうについて言うことができる　　おもに使うたん語　be動し　形ようし

ステップ ① たん語をおぼえよう

●絵と数字を見ながら、英語をかいてみよう。音声もくりかえし聞こう！

❶ 新しい	❷ 親切な、優しい	❸ （サイズなどが）大きい
new	kind	large
❹ 軽い	❺ 重い	❻ かわいい
light	heavy	cute
❼ すばらしい	❽ 活発な	❾ 病気の
wonderful	active	sick
❿ 有名な	⓫ うつくしい、きれいな	⓬ 勇ましい、ゆうかんな
famous	beautiful	brave
⓭ ぬれた	⓮ きれいな、せいけつな	⓯ おもしろい
wet	clean	funny

この文を英語にするよ！

あなたは親切です。

1 意味のまとまりで区切るよ！

あなたは ┊ 親切 ┊ です。

2 意味順ボックスに日本語を入れると、英語の順番になるよ！

だれが	する（です）	だれ・なに
あなたは	です	親切

意味順ボックスに書いてあるとおり、「あなたは」 →「です」→「親切」の順番にボックスに入れていこう。ボックスに日本語を入れると、英語の順番になるよ！

だれが	する（です）	だれ・なに
あなたは	です	親切
You	are	kind.

ボックスに入れた日本語の下のボックスに英語を入れよう！

You are kind. 完成！

●ちがう文も見てみよう！

かのじょは新しい先生です。

だれが	する（です）	だれ・なに
かのじょは	です	新しい先生
She	is	a new teacher.

この文では、「新しい」というたん語（形ようし）が「先生」というたん語（名し）にくわしい意味を持たせているよ。これがしゅうしょく。形ようしを使ったしゅうしょくは、人だけでなく、ものやことにもできるよ。たとえば、「これは新しい皿です。」なら、This ／ is ／ a new dish. となるよ。

▶ 形ようしが名しをしゅうしょくしているときは、a または an、the がつくよ。

❶ それは有名な本です。

だれが	する（です）	だれ・なに
それは	です	有名な本

a をつけるよ

❷ それはすばらしいです。

だれが	する（です）	だれ・なに
それは	です	すばらしい

❸ ひろしはおもしろい男の子です。

だれが	する（です）	だれ・なに
ひろしは	です	おもしろい男の子

a をつけるよ

❹ かれは親切です。

だれが	する（です）	だれ・なに
かれは	です	親切

❺ はるかはかわいい女の子です。

だれが	する（です）	だれ・なに
はるかは	です	かわいい女の子

a をつけるよ

❻ かのじょは活発です。

だれが	する（です）	だれ・なに
かのじょは	です	活発

ステップ **4**　自分で英語の文を作ってみよう！

わたしのかばんは大きいです。

だれが	する（です）	だれ・なに

それは重いです。

だれが	する（です）	だれ・なに

ちかのかばんは新しいです。

だれが	する（です）	だれ・なに

それはかわいいです。

だれが	する（です）	だれ・なに

Lesson 4

どこにあるか、伝えよう

パンダはわたしたちの近くにいます。

できるようになること　人や動物がどこにいるか、言うことができる　おもに使うたん語　be動し　形ようし

ステップ 1　たん語をおぼえよう

● 絵と数字を見ながら、英語をかいてみよう。音声もくりかえし聞こう！

❶ 〜の中に、〜に	❷ 〜の上に	❸ 〜の下に
in	on	under
❹ 〜の近くに	❺ 〜のとなりに	❻ 犬
near	next to	dog
❼ ねこ	❽ パンダ	❾ うさぎ
cat	panda	rabbit
❿ ゾウ	⓫ サル	⓬ 鳥
elephant	monkey	bird
⓭ たくさんの	⓮ 動物	⓯ 動物園
many	animal	zoo

この文を英語にするよ！

パンダはわたしたちの近くにいます。

1 意味のまとまりで区切るよ！

パンダは ✂ わたしたちの近くに ✂ います。

2 意味順ボックスに日本語を入れると、英語の順番になるよ！

だれが	する（です）	だれ・なに	どこ
パンダは	います		わたしたちの近くに

意味順ボックスに書いてあるとおり、「パンダは」→「います」→「わたしたちの近くに」の順番にボックスに入れていこう。ボックスに日本語を入れると、英語の順番になるよ！

だれが	する（です）	だれ・なに	どこ
パンダは	います		わたしたちの近くに
The panda	is		near us.

ボックスに入れた日本語の下のボックスに英語を入れよう！

The panda is near us. 完成！

●ちがう文も見てみよう！

犬はソファの上にいます。

だれが	する（です）	だれ・なに	どこ
犬は	います		ソファの上に
The dog	is		on the sofa.

文の中で場所を表すときは、今までとちがい、「どこ」ボックスを使うよ。「どこ」ボックスには、「in」や「on」などの場所を表す語（前ちし）と、所を表す語（名し）を入れよう。たとえば「つくえの上に」であれば「on the desk」、「つくえの下に」なら「under the desk」となるよ。

① 妹 はわたしのとなりにいます。

だれが	する（です）	だれ・なに	どこ
妹は	います		わたしのとなりに

② マロンはテーブルの下にいます。

だれが	する（です）	だれ・なに	どこ
マロンは	います		テーブルの下に

the をつかうよ

③ はなこは大きなゾウです。

だれが	する（です）	だれ・なに	どこ
はなこは	です	大きなゾウ	

④ はなこはボールの近くにいます。

だれが	する（です）	だれ・なに	どこ
はなこは	います		ボールの近くに

the をつかうよ

⑤ うさぎたちはドアの近くにいます。

だれが	する（です）	だれ・なに	どこ
うさぎたちは	います		ドアの近くに

「〜たち」だから複数だよ the をつかうよ

⑥ たくさんの動物が動物園の中にいます。

だれが	する（です）	だれ・なに	どこ
たくさんの動物が	います		動物園の中に

複数だよ in をつかうよ

ステップ4 自分で英語の文を作ってみよう！ 55

タローとジローはわたしたちの犬です。

だれが	する（です）	だれ・なに	どこ

タローはベッドの上にいます。

だれが	する（です）	だれ・なに	どこ

ジローは車の中にいます。

the をつかうよ

だれが	する（です）	だれ・なに	どこ

ジローはわたしのとなりにいます。

the をつかうよ

だれが	する（です）	だれ・なに	どこ

まとめ会話ドリル

もんだい **1** 最初の文をヒントに、□□□□からことばをえらんでください。「 」の文を英語で言います。意味順ボックスに英単語を入れて文を完成させましょう。

❶ 先生が戻ってきました。

「先生はドアの　　　　　　にいます。」

うえ　なか　ちかく　した

だれが	する（です）	だれ・なに	どこ

❷ キナコはわたしの犬です。やわらかい場所が好きです。

「キナコはソファーの　　　　　　にいます。」

うえ　となり　ちかく　した

だれが	する（です）	だれ・なに	どこ

❸ わたしと妹は同じバスに乗って学校に行きます。

「妹はわたしの　　　　　　にいます。」

うえ　となり　なか　した

だれが	する（です）	だれ・なに	どこ

❹ ともこはきのう、あまり寝ていません。

「ともこは　　　　　　です。」

おそい　早い　眠い　かわいい

だれが	する（です）	だれ・なに

もんだい2

しつもんに答えます。【　　】のことばを使って「　」の文を英語で言います。意味順ボックスに英単語を入れて文を完成させましょう。

音声DL 57

❶「部屋に何がいますか。」

「わたしのネコは... 　　　　　　。」

【テーブルの下】

だれが	する（です）	だれ・なに	どこ

❷「どんなネコですか。」

「わたしのネコは... 　　　　　。」

【小さい】

だれが	する（です）	だれ・なに	どこ

❸ あなたのお父さんのしょく業はなんですか。」

「わたしのお父さんは... 　　　　　。」

【しょうぼうし】

だれが	する（です）	だれ・なに	どこ

❹「どんな人ですか。」

「かれは... 　　　　　。」

【勇ましい】

だれが	する（です）	だれ・なに	どこ

もんだい3

下の絵を見ながら、質問に答えます。意味順ボックスに英単語を入れて文を完成させましょう。

音声DL 58

Q ① かのじょのしょく業はなんですか？

だれが	する（です）	だれ・なに	どこ

Q ② かのじょはどんな状態ですか？

だれが	する（です）	だれ・なに	どこ

Q ③ それらはなんですか？

だれが	する（です）	だれ・なに	どこ

Q ④ それらはどんな状態ですか？

だれが	する（です）	だれ・なに	どこ

わたしの すること

勉強した日　　　　月　　　　日

Lesson ① 何をするか、伝えよう
わたしは本を読みます。

できるようになること 「~します」や「~をします」という形の文を言うことができる　おもに使うたん語 かんたんな動し（読む、書く、話す、聞く、など）

ステップ ① たん語をおぼえよう

音声DL 59

●絵と数字を見ながら、英語をかいてみよう。音声もくりかえし聞こう！

❶ 話す	❷ （注意して）聞く	❸ 読む
speak	listen to	read
❹ 書く	❺ 勉強する	❻ 使う
write	study	use
❼ 英語	❽ 日本語	❾ 音楽
English	Japanese	music
❿ 家、自宅	⓫ 部屋	⓬ 教室
home	room	classroom
⓭ 学校	⓮ 図書室、図書館	⓯ ~に、~で（場所）
school	library	at

この文を英語にするよ！

わたしは本を読みます。

1 意味のまとまりで区切るよ！

わたしは ┆ 本を ┆ 読みます。

2 意味順ボックスに日本語を入れると、英語の順番になるよ！

だれが	する（です）	だれ・なに
わたしは	読みます	本を

意味順ボックスに書いてあるとおり、「わたしは」 →「読みます」 →「本を」の順番にボックスに入れていこう。ボックスに日本語を入れると、英語の順番になるよ！

だれが	する（です）	だれ・なに
わたしは	読みます	本を
I	read	a book.

ボックスに入れた日本語の下のボックスに英語を入れよう！

I read a book.　完成！

●ちがう文も見てみよう！

わたしはペンを使います。

だれが	する（です）	だれ・なに
わたしは	使います	ペンを
I	use	a pen.

「わたしは○○をします」と言いたいときは「一般動詞」を使うよ。be 動詞と違ってたくさんあって、いろいろな「すること」を言うことができるよ。

▶ 英語で「わたしは○○します。」を言うときは、「だれが」ボックス→「する（です）」ボックス→「だれ・なに」ボックスの順番でボックスを埋めていこう。例えば「私はペンを使います」なら、「わたしは」→「使います」→「ペンを」の順番になるよ。

① わたしは教室にいます。

だれが	する（です）	だれ・なに	どこ
わたしは	います		教室に

in をつかうよ

② わたしは英語を勉強します。

だれが	する（です）	だれ・なに	どこ
わたしは	勉強します	英語を	

③ かのじょは音楽の先生です。

だれが	する（です）	だれ・なに	どこ
かのじょは	です	音楽の先生	

④ かのじょは音楽室を使います。

だれが	する（です）	だれ・なに	どこ
かのじょは	使います	音楽室を	

「音楽室」は the music room をつかうよ

⑤ リサは新しいクラスメイトです。

だれが	する（です）	だれ・なに	どこ
リサは	です	新しいクラスメイト	

⑥ かのじょは英語を話します。

だれが	する（です）	だれ・なに	どこ
かのじょは	話します	英語を	

ステップ **4** 自分で英語の文を作ってみよう！

わたしとわたしの妹は家にいます。

だれが	する（です）	だれ・なに	どこ

> 「家に、家で」は at home を使うよ。

わたしはわたしの部屋にいます。

だれが	する（です）	だれ・なに	どこ

わたしは英語の本を読みます。

だれが	する（です）	だれ・なに	どこ

わたしの妹はかのじょのへやの中で音楽を聞きます。

だれが	する（です）	だれ・なに	どこ

> 「（音楽を）聞く」は listen to 〜をつかうよ

勉強した日　　　月　　　日

Lesson ② どこでするか、伝えよう
わたしたちはお店で本を買います。

できるようになること どこで何をするか、言うことができる　**おもに使うたん語** スポーツについてのことばや表現

ステップ1 たん語をおぼえよう 音声DL 63

●絵と数字を見ながら、英語をかいてみよう。音声もくりかえし聞こう！

❶ （スポーツやゲームを）する	❷ 楽しむ	❸ 手伝う
play	enjoy	help
❹ 洗う	❺ 買う	❻ サッカー
wash	buy	soccer
❼ テニス	❽ バスケットボール	❾ 試合、ゲーム
tennis	basketball	game
❿ 公園	⓫ テニスコート	⓬ 体育館
park	tennis court	gym
⓭ 店	⓮ 美術館	⓯ コンビニエンスストア
store	museum	convenience store

この文を英語にするよ！

わたしたちはお店で本を買います。

1 意味のまとまりで区切るよ！

わたしたちは ┊ お店で ┊ 本を ┊ 買います。

2 意味順ボックスに日本語を入れると、英語の順番になるよ！

だれが	する（です）	だれ・なに	どこ
わたしたちは	買います	本を	お店で

意味順ボックスに書いてあるとおり、「わたしたちは」→「買います」→「本を」→「お店で」の順番にボックスに入れていこう。ボックスに日本語を入れると、英語の順番になるよ！

だれが	する（です）	だれ・なに	どこ
わたしたちは	買います	本を	お店で
We	buy	a book	at the store.

ボックスに入れた日本語の下のボックスに英語を入れよう！

We buy a book at the store.　完成！

●ちがう文も見てみよう！

かれらは公園でサッカーをします。

だれが	する（です）	だれ・なに	どこ
かれらは	します	サッカーを	公園で
They	play	soccer	in the park.

「わたしたちは○○（を）します」と言いたいときは、「一般動詞」を使います。「あなたたち」「かれら」「かのじょら」も、すべて同じように一般動詞を使います。

❶ かのじょらはびじゅつかんの中にいます。

だれが	する（です）	だれ・なに	どこ
かのじょらは	います		びじゅつかんの中に

the をつかうよ

❷ かのじょらはいくつかの切手を買います。

だれが	する（です）	だれ・なに	どこ
かのじょらは	買います	いくつかの切手を	

いくつかのは some をつかうよ

❸ ゆうたとはるきはかれらのお母さんを手伝います。

だれが	する（です）	だれ・なに	どこ
ゆうたとはるきは	手伝います	かれらのお母さんを	

❹ かれらはお皿を洗います。

だれが	する（です）	だれ・なに	どこ
かれらは	洗います	お皿を	

-es をつけるよ

❺ わたしたちはサッカーをします。

だれが	する（です）	だれ・なに	どこ
わたしたちは	します	サッカーを	

❻ これは新しいサッカーゲームです。

だれが	する（です）	だれ・なに	どこ
これは	です	新しいサッカーゲーム	

ステップ 4 自分で英語の文を作ってみよう！

わたしたちは公園にいます。

だれが	する（です）	だれ・なに	どこ

わたしの 弟 は、体育館でバスケットボールをします。

だれが	する（です）	だれ・なに	どこ

「体育館（の中）で」→ in を使うよ

わたしと友だちはテニスコートでテニスをします。

だれが	する（です）	だれ・なに	どこ

the をつかうよ

わたしたちは試合を楽しみます。

だれが	する（です）	だれ・なに	どこ

the をつかうよ

Lesson ③ 好きなものを伝えよう

かのじょはフルーツが好きです。

できるようになること 自分が好きなものについて言うことができる **おもに使うたん語** 食べることや飲むことについてのことばや表現

ステップ 1 たん語をおぼえよう

●絵と数字を見ながら、英語をかいてみよう。音声もくりかえし聞こう！

❶ 作る	❷ 食べる	❸ 飲む
make	eat	drink
❹ 好きである	❺ レストラン	❻ 朝食
like	restaurant	breakfast
❼ ランチ、昼食	❽ 夕食	❾ フルーツ
lunch	dinner	fruit
❿ やさい	⓫ 水	⓬ ケーキ
vegetable	water	cake
⓭ お茶	⓮ 牛乳	⓯ アイスクリーム
tea	milk	ice cream

この文を英語にするよ！

かのじょはフルーツが好きです。

1 意味のまとまりで区切るよ！

かのじょは ┊ フルーツが ┊ 好きです。

2 意味順ボックスに日本語を入れると、英語の順番になるよ！

だれが	する（です）	だれ・なに
かのじょは	好きです	フルーツが

意味順ボックスに書いてあるとおり、「かのじょは」→「好きです」→「フルーツが」の順番にボックスに入れていこう。ボックスに日本語を入れると、英語の順番になるよ！

▶ 「だれが」ボックスが「かのじょは」や「かれは」のときは、「する（です）」ボックスのたん語のおしりに-sまたは-esをつけるよ。

だれが	する（です）	だれ・なに
かのじょは	好きです	フルーツが
She	likes	fruit.

ボックスに入れた日本語の下のボックスに英語を入れよう！

She likes fruit.　完成！

● ちがう文も見てみよう！

かれはやさいが好きです。

だれが	する（です）	だれ・なに
かれは	好きです	やさいが
He	likes	vegetables.

「かれ／かのじょは○○をします」と言いたいときは、「一般動詞」を使うよ。

▶ 「かれ」「かのじょ」「それ」「犬」「猫」など、主語が「わたし」でも「あなた」でもない、しかも複数でない主語のことを「三人称単数」と言うんだ。英語では三人称単数のとき、動詞の最後に「s」または「-es」をつける、というルールがあるよ。

① 生徒たちはのどがかわいています。

だれが	する（です）	だれ・なに	どこ
生徒たちは	います	のどがかわいて	

② かれらは公園で水を飲みます。

だれが	する（です）	だれ・なに	どこ
かれらは	飲みます	水を	公園で

③ かれらは学校で昼食を食べます。

だれが	する（です）	だれ・なに	どこ
かれらは	食べます	昼食を	学校で

「学校で」は the を使わないよ

④ わたしたちは教室でお茶を飲みます。

だれが	する（です）	だれ・なに	どこ
わたしたちは	飲みます	お茶を	教室で

⑤ わたしのお母さんは家でケーキを作ります。

だれが	する（です）	だれ・なに	どこ
わたしのお母さんは	作ります	ケーキを	家で

「家で」は the を使わないよ

⑥ わたしたちはそれが好きです。

だれが	する（です）	だれ・なに	どこ
わたしたちは	好きです	それが	

ステップ **4** 自分で英語の文を作ってみよう！

わたしはアイスクリームが好きです。

だれが	する（です）	だれ・なに	どこ

妹はケーキが好きです。

だれが	する（です）	だれ・なに	どこ

わたしたちはレストランでそれらを食べます。

だれが	する（です）	だれ・なに	どこ

弟は牛乳を飲みます。

だれが	する（です）	だれ・なに	どこ

Lesson ④　いつするか、伝えよう

わたしは夜、パジャマを着ます。

できるようになること　いつ何をするか、言うことができる　　おもに使うたん語　時間についてのたん語

ステップ 1　たん語をおぼえよう

音声DL 71

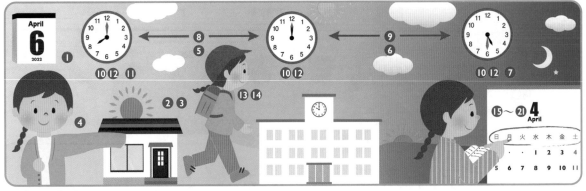

●絵と数字を見ながら、英語をかいてみよう。音声もくりかえし聞こう！

① きょう、きょうは	② 毎日	③ 毎〜
today	every day	every
④ 着る	⑤ 朝	⑥ 午後
wear	morning	afternoon
⑦ 夕方、晩、夜	⑧ 午前	⑨ 午後
evening	a.m.	p.m.
⑩ 〜時	⑪ 〜に（朝になど）	⑫ 〜に（〜時になど）
o'clock	in	at
⑬ 行く	⑭ 〜に（場所）	⑮ 日曜日
go	to	Sunday
⑯ 月曜日	⑰ 火曜日	⑱ 水曜日
Monday	Tuesday	Wednesday
⑲ 木曜日	⑳ 金曜日	㉑ 土曜日
Thursday	Friday	Saturday

この文を英語にするよ！

わたしは夜、パジャマを着ます。

1 意味のまとまりで区切るよ！

わたしは ┊ 夜、 ┊ パジャマを ┊ 着ます。

✂   ✂   ✂

2 意味順ボックスに日本語を入れると、英語の順番になるよ！

だれが	する（です）	だれ・なに	どこ	いつ
わたしは	着ます	パジャマを		夜

意味順ボックスに書いてあるとおり、「わたしは」→「着ます」→「パジャマを」→「夜」
の順番にボックスに入れていこう。

▶ 時間を表す場合は「いつ」ボックスを使うよ。「いつ」ボックスには、いつのことなのか、時を表す言葉を入れるよ。

だれが	する（です）	だれ・なに	どこ	いつ
わたしは	着ます	パジャマを		夜
I	wear	pajamas		in the evening.

ボックスに入れた日本語の下のボックスに英語を入れよう！

I wear pajamas in the evening. 完成！

●ちがう文も見てみよう！

わたしのお父さんは、午前7時に朝食を食べます。

だれが	する（です）	だれ・なに	どこ	いつ
わたしのお父さんは	食べます	朝食を		午前7時に
My father	eats	breakfast		at 7a.m.

「いつ」ボックスには、「in」や「on」や「at」などの時間を表すための単語（前置詞）と、
時刻や曜日などの単語（名詞）も入るよ。

▶ 朝 (morning)、午後 (afternoon)、夕方・夜 (evening) を言いたいときは in を使おう。「午前〜時（〜 a.m.）に」
「午後〜時（〜 p.m.）に」「〜時（〜 o'clock）に」などを言いたいときは、at を使おう。「今日 (today)」の場合は、
in,on,at は使わないよ。

❶ 朝、わたしはくだものを食べます。

だれが	する（です）	だれ・なに	どこ	いつ
わたしは	食べます	くだものを		朝

❷ 午後、わたしの弟はサッカーをします。

だれが	する（です）	だれ・なに	どこ	いつ
わたしの弟は	します	サッカーを		午後

❸ わたしの妹は毎日スプーンを使います。

だれが	する（です）	だれ・なに	どこ	いつ
わたしの妹は	使います	スプーンを		毎日

❹ わたしは午後4時に図書館で本を読みます。

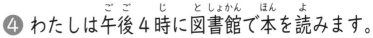

だれが	する（です）	だれ・なに	どこ	いつ
わたしは	読みます	本を	図書館で	午後4時に

❺ なみえとまおは英語が好きです。

だれが	する（です）	だれ・なに	どこ	いつ
なみえとまおは	好きです	英語が		

❻ かのじょらは毎日、英語を勉強します。

だれが	する（です）	だれ・なに	どこ	いつ
かのじょらは	勉強します	英語を		毎日

ステップ4 自分で英語の文を作ってみよう！

わたしは8時に<ruby>学校<rt>がっこう</rt></ruby>に<ruby>行<rt>い</rt></ruby>きます。

だれが	する（です）	だれ・なに	どこ	いつ

わたしたちは<ruby>午後<rt>ごご</rt></ruby>7<ruby>時<rt>じ</rt></ruby>に<ruby>夕食<rt>ゆうしょく</rt></ruby>を<ruby>食<rt>た</rt></ruby>べます。

だれが	する（です）	だれ・なに	どこ	いつ

きょう、わたしの<ruby>父<rt>ちち</rt></ruby>は<ruby>忙<rt>いそが</rt></ruby>しいです。

だれが	する（です）	だれ・なに	どこ	いつ

まとめ会話ドリル

もんだい 1　最初の文をヒントに、[＿＿＿]からことばをえらんでください。「　」の文を英語で言います。意味順ボックスに英単語を入れて文を完成させましょう。

🎧音声DL 75

❶ マイクはアメリカ出身です。

「かれは英語を　　　　　　ます。」

| 勉強する　話す　助ける　読む |

だれが	する（です）	だれ・なに	どこ	いつ

❷ リサはわたしたちのお母さんです。

「かのじょは午後6時に夕食を　　　　　ます。」

| 書く　話す　作る　使う |

だれが	する（です）	だれ・なに	どこ	いつ

❸ わたしと妹はフルーツが大好きです。

「わたしたちはソファーの上でフルーツを　　　ます。」

| 買う　飲む　食べる　書く |

だれが	する（です）	だれ・なに	どこ	いつ

❹ オメガはわたしのネコです。あれがオメガです。

「オメガは毎日テーブルの下で水を　　　　ます。」

| 着る　行く　洗う　飲む |

だれが	する（です）	だれ・なに	どこ	いつ

もんだい2 しつもんに答えます。【　　】のことばを使って「　」の文を英語で言います。意味順ボックスに英単語を入れて文を完成させましょう。

音声DL 76

❶「ひさえはどこにいますか。」

「かのじょは...　　　　　　　　　。」

【図書館】

だれが	する（です）	だれ・なに	どこ	いつ

❷「かのじょはなんの本が好きですか。」

「かのじょは...　　　　　　　　。」

【マンガ】

だれが	する（です）	だれ・なに	どこ	いつ

❸「あなたはなんの本が好きですか。」

「わたしは...　　　　　　　。」

【英語の本】

だれが	する（です）	だれ・なに	どこ	いつ

❹「いつ読みますか。」

「わたしはそれらを...　　　　　　　。」

【夕方】

だれが	する（です）	だれ・なに	どこ	いつ

もんだい **3**

下の絵を見ながら、質問に答えます。意味順ボックスに英単語を入れて文を完成させましょう。

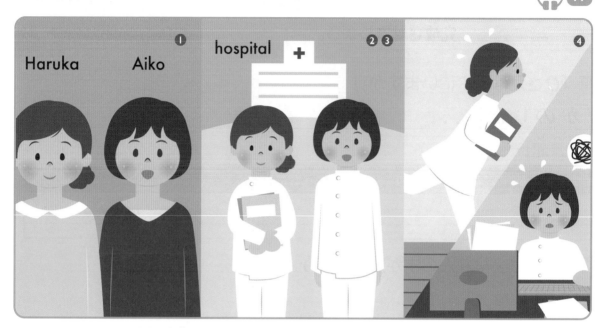

音声DL 77

Q ❶ かのじょらはだれですか？

だれが	する（です）	だれ・なに	どこ	いつ

Q ❷ かのじょらのしょく業は何ですか？

だれが	する（です）	だれ・なに	どこ	いつ

Q ❸ かのじょらは毎日どこにいますか？

だれが	する（です）	だれ・なに	どこ	いつ

Q ❹ かのじょらは今日、どんなじょうたいですか？

だれが	する（です）	だれ・なに	どこ	いつ

まとめの
テスト

●ここまでよくがんばったね！　今まで習ったことを思い出して、最後の問題に
チャレンジだ。わからないときは前のページを見ても OK ！　君ならできる！

まとめのテスト❶　音声DL 78

点数	／ 100 点

意味順ボックスを使って、つぎの日本語の文を英語の文にしてください。

1.

❶ かのじょはゆりこです。

❷ かれはりゅうじです。

❸ かれらはわたしたちの英語の先生です。

❶
だれが	する（です）	だれ・なに	どこ	いつ

❷
だれが	する（です）	だれ・なに	どこ	いつ

❸
だれが	する（です）	だれ・なに	どこ	いつ

2.

❶ かのじょはなつかです。

❷ かのじょはわたしの妹です。

❸ かのじょは水泳選手です。

❶
だれが	する（です）	だれ・なに	どこ	いつ

❷
だれが	する（です）	だれ・なに	どこ	いつ

❸
だれが	する（です）	だれ・なに	どこ	いつ

まとめのテスト2 79

意味順ボックスを使って、つぎの日本語の文を英語の文にしてください。

1.

❶ これはひろしの部屋です。

❷ これはかれのうで時計です。

❸ あれはかれのコンピューターです。

❹ それはかれのスマートフォンです。

❶

だれが	する（です）	だれ・なに	どこ	いつ

❷

だれが	する（です）	だれ・なに	どこ	いつ

❸

だれが	する（です）	だれ・なに	どこ	いつ

❹

だれが	する（です）	だれ・なに	どこ	いつ

2.

❶ わたしは部屋の中にいます。

❷ これらはわたしのズボンです。

❸ あれらはひさえのてぶくろです。

❹ それらはふみえのメガネです。

❶

だれが	する（です）	だれ・なに	どこ	いつ

❷

だれが	する（です）	だれ・なに	どこ	いつ

❸

だれが	する（です）	だれ・なに	どこ	いつ

❹

だれが	する（です）	だれ・なに	どこ	いつ

点数

てんすう	
点数	／ 100 点

意味順ボックスを使って、つぎの日本語の文を英語の文にしてください。

1.

❶ ひさえとたかこは友だちです。

❷ ひさえは優しい生徒です。

❸ たかこは活発な生徒です。

❹ ひさえとたかこはチームメイトです。

❶

だれが	する（です）	だれ・なに	どこ	いつ

❷

だれが	する（です）	だれ・なに	どこ	いつ

❸

だれが	する（です）	だれ・なに	どこ	いつ

❹

だれが	する（です）	だれ・なに	どこ	いつ

2.

❶ ひさえのねこは机の上にいます。

❷ かれは大きなねこです。

❸ これはかれのおもちゃです。

❹ かれのおもちゃはいすの下にあります。

❶

だれが	する（です）	だれ・なに	どこ	いつ

❷

だれが	する（です）	だれ・なに	どこ	いつ

❸

だれが	する（です）	だれ・なに	どこ	いつ

❹

だれが	する（です）	だれ・なに	どこ	いつ

まとめのテスト④ 81

意味順ボックスを使って、つぎの日本語の文を英語の文にしてください。

1.

❶ わたしの先生はともこです。

❷ かのじょはきれいな先生です。

❸ かのじょは学校で人気があります。

❹ かのじょは毎日学校で英語を話します。

❶
だれが	する（です）	だれ・なに	どこ	いつ

❷
だれが	する（です）	だれ・なに	どこ	いつ

❸
だれが	する（です）	だれ・なに	どこ	いつ

❹
だれが	する（です）	だれ・なに	どこ	いつ

2.

❶ ひろしはひさえの弟です。

❷ かれは午前 10 時にサッカーをします。

❸ ひさえは午後 2 時に図書館にいきます。

❹ かれらは午後 5 時に家で夕食を作ります。

❶
だれが	する（です）	だれ・なに	どこ	いつ

❷
だれが	する（です）	だれ・なに	どこ	いつ

❸
だれが	する（です）	だれ・なに	どこ	いつ

❹
だれが	する（です）	だれ・なに	どこ	いつ

まとめのテスト⑤

意味順ボックスを使って、つぎの日本語の文を英語の文にしてください。

❶ わたしはひろしです。

❷ わたしは生徒です。

❸ わたしは学校で英語を勉強します。

❹ ひさえはわたしのクラスメイトです。

❺ かのじょは朝に本を読みます。

❻ わたしたちは友だちです。

❼ わたしたちの英語の先生はあきらです。

❽ かれはいい先生です。

❾ わたしたちは毎日教室の中で英語を話します。

❿ かれは本を書きます。

❶

だれが	する（です）	だれ・なに	どこ	いつ

❷

だれが	する（です）	だれ・なに	どこ	いつ

❸

だれが	する（です）	だれ・なに	どこ	いつ

❹

だれが	する（です）	だれ・なに	どこ	いつ

❺

だれが	する（です）	だれ・なに	どこ	いつ

❻

だれが	する（です）	だれ・なに	どこ	いつ

❼

だれが	する（です）	だれ・なに	どこ	いつ

❽

だれが	する（です）	だれ・なに	どこ	いつ

❾

だれが	する（です）	だれ・なに	どこ	いつ

❿

だれが	する（です）	だれ・なに	どこ	いつ

答え

まちがったところはしっかり覚えてね。

● 12、13 ページ

テーマ1 自分・家族・友だち

ステップ3 絵をみながら、音声を聞いて文をかんせいさせよう！ DL 00

❶ わたしはひさえです。

だれが	する（です）	だれ・なに
わたしは	です	ひさえ
I	am	Hisae.

名前は大文字からだよ

❷ わたしは少女です。

だれが	する（です）	だれ・なに
わたしは	です	少女
I	am	a girl.

a をつけるよ

❸ わたしはあいこです。

だれが	する（です）	だれ・なに
わたしは	です	あいこ
I	am	Aiko.

❹ わたしは先生です。

だれが	する（です）	だれ・なに
わたしは	です	先生
I	am	a teacher.

しょく業もaをつけるよ

❺ わたしはたかしです。

だれが	する（です）	だれ・なに
わたしは	です	たかし
I	am	Takashi.

❻ わたしは医者です。

だれが	する（です）	だれ・なに
わたしは	です	医者
I	am	a doctor.

12

ステップ4 自分で英語の文を作ってみよう！

Sota

わたしはそうたです。

だれが	する（です）	だれ・なに
I	am	Sota.

わたしは少年です。

だれが	する（です）	だれ・なに
I	am	a boy.

わたしはせいとです。

だれが	する（です）	だれ・なに
I	am	a student.

13

● 16、17 ページ

テーマ1 自分・家族・友だち

ステップ3 絵をみながら、音声を聞いて文をかんせいさせよう！ DL 00

❶ あなたは日本人です。

だれが	する（です）	だれ・なに
あなたは	です	日本人
You	are	Japanese.

❷ あなたは先生です。

だれが	する（です）	だれ・なに
あなたは	です	先生
You	are	a teacher.

❸ あなたはアメリカ人です。

だれが	する（です）	だれ・なに
あなたは	です	アメリカ人
You	are	American.

❹ あなたはわたしのチームメイトです。

だれが	する（です）	だれ・なに
あなたは	です	わたしのチームメイト
You	are	my teammate.

❺ あなたはわたしの先生です。

だれが	する（です）	だれ・なに
あなたは	です	わたしの先生
You	are	my teacher.

❻ あなたはわたしの友だちです。

だれが	する（です）	だれ・なに
あなたは	です	わたしの友だち
You	are	my friend.

16

ステップ4 自分で英語の文を作ってみよう！

Lisa

さくらはせいとです。

だれが	する（です）	だれ・なに
Sakura	is	a student.

あなたはリサです。

だれが	する（です）	だれ・なに
You	are	Lisa.

あなたはかのじょの先生です。

だれが	する（です）	だれ・なに
You	are	her teacher.

17

テーマ1 自分・家族・友だち

ステップ **3** 絵をみながら、音声を聞いて文をかんせいさせよう！ 🎧 00

❶ かれはゆうたです。

だれが	する（です）	だれ・なに
かれは	です	ゆうた
He	is	Yuta.

❷ かれはわたしのお兄さんです。

だれが	する（です）	だれ・なに
かれは	です	わたしのお兄さん
He	is	my older brother.

❸ かのじょはあきこです。

だれが	する（です）	だれ・なに
かのじょは	です	あきこ
She	is	Akiko.

❹ かのじょはわたしの妹です。

だれが	する（です）	だれ・なに
かのじょは	です	わたしの妹
She	is	my younger sister.

❺ かのじょはひかるです。

だれが	する（です）	だれ・なに
かのじょは	です	ひかる
She	is	Hikaru.

❻ わたしはかのじょのお姉さんです。

だれが	する（です）	だれ・なに
わたしは	です	かのじょのお姉さん
I	am	her older sister.

ステップ **4** 自分で英語の文を作ってみよう！

Megumi　Naoyuki

かのじょはめぐみです。

だれが	する（です）	だれ・なに
She	is	Megumi.

かれはなおゆきです。

だれが	する（です）	だれ・なに
He	is	Naoyuki.

かのじょはかれのおばさんです。

だれが	する（です）	だれ・なに
She	is	his aunt.

20

21

テーマ1 自分・家族・友だち

ステップ **3** 絵をみながら、音声を聞いて文をかんせいさせよう！ 🎧 00

❶ わたしたちは野球せん手です。

だれが	する（です）	だれ・なに
わたしたちは	です	野球せん手
We	are	baseball players.

sをつけるよ

❷ あなたたちはバスケットボールせん手です。

だれが	する（です）	だれ・なに
あなたたちは	です	バスケットボールせん手
You	are	basketball players.

sをつけるよ

❸ かれらは画家です。

だれが	する（です）	だれ・なに
かれらは	です	画家
They	are	painters.

sをつけるよ

❹ かのじょらはミュージシャンです。

だれが	する（です）	だれ・なに
かのじょらは	です	ミュージシャン
They	are	musicians.

sをつけるよ

Shiho

❺ しほはバスドライバーです。

だれが	する（です）	だれ・なに
しほは	です	バスドライバー
Shiho	is	a bus driver.

aをつけるよ

❻ かのじょはかれらのバスドライバーです。

だれが	する（です）	だれ・なに
かのじょは	です	かれらのバスドライバー
She	is	their bus driver.

ステップ **4** 自分で英語の文を作ってみよう！

Tom　Maria

かれはトムです。

だれが	する（です）	だれ・なに
He	is	Tom.

かのじょはマリアです。

だれが	する（です）	だれ・なに
She	is	Maria.

かれらはわたしたちの英語の先生です。

だれが	する（です）	だれ・なに
They	are	our English teachers.

24

25

● 26、27 ページ

まとめ会話ドリル

テーマ1 自分・家族・友だち

もんだい1 最初の文をヒントに、▭ からことばをえらんでください。「 」の文を英語で言います。意味順ボックスに英単語を入れて文を完成させましょう。

① わたしはボールを使います。シュートが得意です。

「わたしは　　　　　です。」

| パイロット | バスケットボール選手 | 水泳選手 | コーチ |

だれが	する（です）	だれ・なに
I	am	a basketball player.

② あなたはとても高い場所で働いています。

「あなたは　　　　　です。」

| パイロット | バスケットボール選手 | 水泳選手 | コーチ |

だれが	する（です）	だれ・なに
You	are	a pilot.

③ ひろしは町の安全を守っています。

「ひろしは　　　　　です。」

| 先生 | 医者 | けいさつかん | かんごし |

だれが	する（です）	だれ・なに
Hiroshi	is	a police officer.

④ ひさえは小学校で働いています。

「ひさえは　　　　　です。」

| 先生 | 医者 | けいさつかん | かんごし |

だれが	する（です）	だれ・なに
Hisae	is	a teacher.

26

もんだい2 しつもんに答えます。［ ］のことばを使って「 」の文を英語で言います。意味順ボックスに英単語を入れて文を完成させましょう。

①「ともこはだれですか。」

「かのじょは…　　　　。」

【わたしのお母さん】

だれが	する（です）	だれ・なに
She	is	my mother.

②「何のしょく業ですか。」

「かのじょは…　　　　。」

【医者】

だれが	する（です）	だれ・なに
She	is	a doctor.

③「ゆうたとはるきはだれですか。」

「かれらは…　　　　。」

【わたしの友だち】

だれが	する（です）	だれ・なに
They	are	my friends.

④「何の選手ですか。」

「かれらは…　　　　。」

【野球の選手】

だれが	する（です）	だれ・なに
They	are	baseball players.

27

● 28 ページ

もんだい3 下の絵を見ながら、質問に答えます。意味順ボックスに英単語を入れて文を完成させましょう。

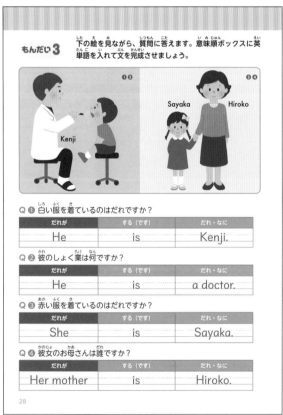

Q**①** 白い服を着ているのはだれですか？

だれが	する（です）	だれ・なに
He	is	Kenji.

Q**②** 彼のしょく業は何ですか？

だれが	する（です）	だれ・なに
He	is	a doctor.

Q**③** 赤い服を着ているのはだれですか？

だれが	する（です）	だれ・なに
She	is	Sayaka.

Q**④** 彼女のお母さんは誰ですか？

だれが	する（です）	だれ・なに
Her mother	is	Hiroko.

28

● 32、33 ページ

y

w

テーマ2 身のまわりのもの

ステップ 3 絵をみながら、音声を聞いて文をかんせいさせよう！

❶ これは本です。

だれが	する（です）	だれ・なに
これは	です	本
This	is	a book.

❷ あれはノートです。

だれが	する（です）	だれ・なに
あれは	です	ノート
That	is	a notebook.

❸ あれはまんがです。

だれが	する（です）	だれ・なに
あれは	です	まんが
That	is	a comic book.

❹ それはスマートフォンです。

だれが	する（です）	だれ・なに
それは	です	スマートフォン
It	is	a smartphone.

❺ それはいすです。

だれが	する（です）	だれ・なに
それは	です	いす
It	is	a chair.

❻ あれは教科書です。

だれが	する（です）	だれ・なに
あれは	です	教科書
That	is	a textbook.

32

ステップ 4 自分で英語の文を作ってみよう！

あれはけいこです。

だれが	する（です）	だれ・なに
That	is	Keiko.

これはかのじょのえんぴつです。

だれが	する（です）	だれ・なに
This	is	her pencil.

あれはしょうへいです。

だれが	する（です）	だれ・なに
That	is	Shohei.

これはかれのふでばこです。

だれが	する（です）	だれ・なに
This	is	his pencil case.

33

● 36、37 ページ

テーマ2 身のまわりのもの

ステップ 3 絵をみながら、音声を聞いて文をかんせいさせよう！

❶ これはお皿です。

だれが	する（です）	だれ・なに
これは	です	お皿
This	is	a dish.

a をつけるよ

❷ これはあなたのカップです。

だれが	する（です）	だれ・なに
これは	です	あなたのカップ
This	is	your cup.

a のかわりに your をつけよう

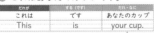

❸ あれはバッグです。

だれが	する（です）	だれ・なに
あれは	です	バッグ
That	is	a bag.

a をつけるよ

❹ あれはかれのリュックです。

だれが	する（です）	だれ・なに
あれは	です	かれのリュック
That	is	his backpack.

a のかわりに his をつけよう

❺ それはかのじょの写真です。

だれが	する（です）	だれ・なに
それは	です	かのじょの写真
It	is	her picture.

a のかわりに her をつけよう

❻ これはひさえのうで時計です。

だれが	する（です）	だれ・なに
これは	です	ひさえのうで時計
This	is	Hisae's watch.

~ 's にすると「だれだれの」になるよ

36

ステップ 4 自分で英語の文を作ってみよう！

これはしほの写真です。

だれが	する（です）	だれ・なに
This	is	Shiho's picture.

これはなみえです。

だれが	する（です）	だれ・なに
This	is	Namie.

これはかのじょの妹です。

だれが	する（です）	だれ・なに
This	is	her younger sister.

これはなみえのバッグです。

だれが	する（です）	だれ・なに
This	is	Namie's bag.

37

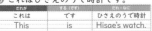

● 40、41 ページ

ステップ3 絵をみながら、音声を聞いて文をかんせいさせよう！ 🎧 00

❶ これらは車です。

だれが	する（です）	だれ・なに
これらは	です	車
These	are	cars.

-s をつけるよ

❷ あれらは自転車です。

だれが	する（です）	だれ・なに
あれらは	です	自転車
Those	are	bicycles.

-s をつけるよ

❸ あれらはまどです。

だれが	する（です）	だれ・なに
あれらは	です	まど
Those	are	windows.

-s をつけるよ

❹ あれらはカーテンです。

だれが	する（です）	だれ・なに
あれらは	です	カーテン
Those	are	curtains.

-s をつけるよ

❺ それはあなたの人形です。

だれが	する（です）	だれ・なに
それは	です	あなたの人形
It	is	your doll.

a のかわりに your をつけよう

❻ それらはおもちゃです。

だれが	する（です）	だれ・なに
それらは	です	おもちゃ
They	are	toys.

ステップ4 自分で英語の文を作ってみよう！

わたしたちは水泳せん手です。

だれが	する（です）	だれ・なに
We	are	swimmers.

これはバスタオルです。

だれが	する（です）	だれ・なに
This	is	a bath towel.

これらはバスタオルです。

だれが	する（です）	だれ・なに
These	are	bath towels.

わたしたちは友だちです。

だれが	する（です）	だれ・なに
We	are	friends.

40

41

● 44、45 ページ

ステップ3 絵をみながら、音声を聞いて文をかんせいさせよう！ 🎧 00

❶ これらはくつです。

だれが	する（です）	だれ・なに
これらは	です	くつ
These	are	shoes.

すでに s がついているよ

❷ これらはズボンです。

だれが	する（です）	だれ・なに
これらは	です	ズボン
These	are	pants.

❸ あれはスプーンです。

だれが	する（です）	だれ・なに
あれは	です	スプーン
That	is	a spoon.

a をつけるよ

❹ あれらはおはしです。

だれが	する（です）	だれ・なに
あれらは	です	おはし
Those	are	chopsticks.

すでに s がついているよ

❺ これはかれのジャケットです。

だれが	する（です）	だれ・なに
これは	です	かれのジャケット
This	is	his jacket.

a のかわりに his をつけよう

❻ それらはかのじょのスニーカーです。

だれが	する（です）	だれ・なに
それらは	です	かのじょのスニーカー
They	are	her sneakers.

her をつけるよ

ステップ4 自分で英語の文を作ってみよう！

わたしはともこです。

だれが	する（です）	だれ・なに
I	am	Tomoko.

これはわたしのバッグです。

だれが	する（です）	だれ・なに
This	is	my bag.

これらはわたしのメガネです。

だれが	する（です）	だれ・なに
These	are	my glasses.

これらはわたしの手ぶくろです。

だれが	する（です）	だれ・なに
These	are	my gloves.

44

45

● 46、47 ページ

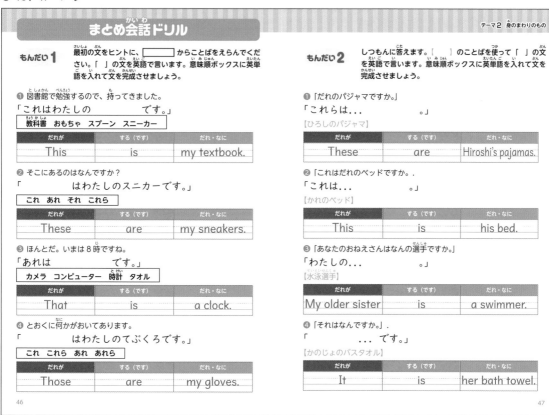

● 48 ページ

ステップ 3 絵をみながら、音声を聞いて文をかんせいさせよう！

❶ トムはわたしの先生です。

だれが	する（です）	だれ・なに
トムは	です	わたしの先生
Tom	is	my teacher.

❷ かれはハンサムです。

だれが	する（です）	だれ・なに
かれは	です	ハンサム
He	is	handsome.

❸ リサは歌手です。

だれが	する（です）	だれ・なに
リサは	です	歌手
Lisa	is	a singer.

❹ かのじょは親しみやすいです。

だれが	する（です）	だれ・なに
かのじょは	です	親しみやすい
She	is	friendly.

❺ さくらは幸せです。

だれが	する（です）	だれ・なに
さくらは	です	幸せ
Sakura	is	happy.

❻ さくらは悲しいです。

だれが	する（です）	だれ・なに
さくらは	です	悲しい
Sakura	is	sad.

ステップ 4 自分で英語の文を作ってみよう！

なつかとゆりこはクラスメイトです。

だれが	する（です）	だれ・なに
Natsuka and Yuriko	are	classmates.

「～と」は and をつかうよ

なつかはいそがしいです。

だれが	する（です）	だれ・なに
Natsuka	is	busy.

ゆりこはねむいです。

だれが	する（です）	だれ・なに
Yuriko	is	sleepy.

ステップ 3 絵をみながら、音声を聞いて文をかんせいさせよう！

❶ わたしのおじいさんは年を取っています。

だれが	する（です）	だれ・なに
わたしのおじいさんは	います	年をとって（いるじょうたい）
My grandfather	is	old.

❷ かれはつかれています。

だれが	する（です）	だれ・なに
かれは	います	つかれて（いるじょうたい）
He	is	tired.

形容詞には a がつかないよ

❸ けいこはいい友だちです。

だれが	する（です）	だれ・なに
けいこは	です	いい友だち
Keiko	is	a good friend.

a をつけるよ

❹ かのじょは人気ものです

だれが	する（です）	だれ・なに
かのじょは	です	人気もの
She	is	popular.

形容詞のみには a がつかないよ

❺ わたしのコンピューターはおそいです。

だれが	する（です）	だれ・なに
わたしのコンピューターは	です	おそい
My computer	is	slow.

❻ あなたのコンピューターは速いです。

だれが	する（です）	だれ・なに
あなたのコンピューターは	です	速い
Your computer	is	fast.

ステップ 4 自分で英語の文を作ってみよう！

けいとゆうたはけいさつかんです。

だれが	する（です）	だれ・なに
Kei and Yuta	are	police officers.

「～と」は and をつかうよ

けいは強いです。

だれが	する（です）	だれ・なに
Kei	is	strong.

ゆうたはわかいです。

だれが	する（です）	だれ・なに
Yuta	is	young.

ゆうたはきんちょうしています。

だれが	する（です）	だれ・なに
Yuta	is	nervous.

● 60、61 ページ

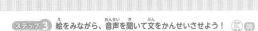

テーマ3 形・ようす・気持ち

ステップ3 絵をみながら、音声を聞いて文をかんせいさせよう！ 🎧 00

❶ それは有名な本です。

だれが	する（です）	だれ・なに
それは	です	有名な本
It	is	a famous book.

a をつけるよ

❷ それはすばらしいです。

だれが	する（です）	だれ・なに
それは	です	すばらしい
It	is	wonderful.

❸ ひろしはおもしろい男の子です。

だれが	する（です）	だれ・なに
ひろしは	です	おもしろい男の子
Hiroshi	is	a funny boy.

a をつけるよ

❹ かれは親切です。

だれが	する（です）	だれ・なに
かれは	です	親切
He	is	kind.

❺ はるかはかわいい女の子です。

だれが	する（です）	だれ・なに
はるかは	です	かわいい女の子
Haruka	is	a cute girl.

a をつけるよ

❻ かのじょは活発です。

だれが	する（です）	だれ・なに
かのじょは	です	活発
She	is	active.

60

ステップ4 自分で英語の文を作ってみよう！

わたしのかばんは大きいです。

だれが	する（です）	だれ・なに
My bag	is	large.

それは重いです。

だれが	する（です）	だれ・なに
It	is	heavy.

ちかのかばんは新しいです。

だれが	する（です）	だれ・なに
Chika's bag	is	new.

それはかわいいです。

だれが	する（です）	だれ・なに
It	is	cute.

61

● 64、65 ページ

テーマ3 形・ようす・気持ち

ステップ3 絵をみながら、音声を聞いて文をかんせいさせよう！ 🎧 00

❶ 妹はわたしのとなりにいます。

だれが	する（です）	だれ・なに	どこ
妹は	います		わたしのとなりに
My younger sister	is		next to me.

❷ マロンはテーブルの下にいます。

だれが	する（です）	だれ・なに	どこ
マロンは	います		テーブルの下に
Maron	is		under the table.

the をつかうよ

❸ はなこは大きなゾウです。

だれが	する（です）	だれ・なに	どこ
はなこは	です	大きなゾウ	
Hanako	is	a large elephant.	

❹ はなこはボールの近くにいます。

だれが	する（です）	だれ・なに	どこ
はなこは	います		ボールの近くに
Hanako	is		near the ball.

the をつかうよ

❺ うさぎたちはドアの近くにいます。

だれが	する（です）	だれ・なに	どこ
うさぎたちは	います		ドアの近くに
The rabbits	are		near the door.

「〜たち」だから複数だよ　*the をつかうよ*

❻ たくさんの動物が動物園の中にいます。

だれが	する（です）	だれ・なに	どこ
たくさんの動物が	います		動物園の中に
Many animals	are		in the zoo.

複数だよ　*in をつかうよ*

64

ステップ4 自分で英語の文を作ってみよう！

タローとジローはわたしたちの犬です。

だれが	する（です）	だれ・なに	どこ
Taro and Jiro	are	our dogs.	

タローはベッドの上にいます。

だれが	する（です）	だれ・なに	どこ
Taro	is		on the bed.

the をつかうよ

ジローは車の中にいます。

だれが	する（です）	だれ・なに	どこ
Jiro	is		in the car.

the をつかうよ

ジローはわたしのとなりにいます。

だれが	する（です）	だれ・なに	どこ
Jiro	is		next to me.

65

103

まとめ会話ドリル

テーマ3 形・ようす・気持ち

もんだい 1 最初の文をヒントに、 □ からことばをえらんでください。「 」の文を英語で言います。意味順ボックスに英単語を入れて文を完成させましょう。

❶ 先生が戻ってきました。
「先生はドアの　　　　　にいます。」

| うえ　なか　ちかく　した |

だれが	する（です）	だれ・なに	どこ
The teacher	is		near the door.

❷ キナコはわたしの犬です。やわらかい場所が好きです。
「キナコはソファーの　　　　　にいます。」

| うえ　となり　ちかく　した |

だれが	する（です）	だれ・なに	どこ
Kinako	is		on the sofa.

❸ わたしと妹は同じバスに乗って学校に行きます。
「妹はわたしの　　　　　にいます。」

| うえ　となり　なか　した |

だれが	する（です）	だれ・なに	どこ
My younger sister	is		next to me.

❹ ともこはきのう、あまり寝ていません。
「ともこは　　　　　です。」

| おそい　早い　眠い　かわいい |

だれが	する（です）	だれ・なに
Tomoko	is	sleepy.

66

もんだい 2 しつもんに答えます。［ 　 ］のことばを使って「 」の文を英語で言います。意味順ボックスに英単語を入れて文を完成させましょう。

❶ 「部屋に何がいますか。」
「わたしのネコは…　　　　　。」
【テーブルの下】

だれが	する（です）	だれ・なに	どこ
My cat	is		under the table.

❷ 「どんなネコですか。」
「わたしのネコは…　　　　　。」
【小さい】

だれが	する（です）	だれ・なに	どこ
My cat	is	small.	

❸ 「あなたのお父さんのしょく業はなんですか。」
「わたしのお父さんは…　　　　　。」
【しょうぼうし】

だれが	する（です）	だれ・なに	どこ
My father	is	a firefighter.	

❹ 「どんな人ですか。」
「かれは…　　　　　。」
【勇ましい】

だれが	する（です）	だれ・なに	どこ
He	is	brave.	

67

もんだい 3 下の絵を見ながら、質問に答えます。意味順ボックスに英単語を入れて文を完成させましょう。

Q ❶ かのじょのしょく業はなんですか？

だれが	する（です）	だれ・なに	どこ
She	is	a musician.	

Q ❷ かのじょはどんな状態ですか？

だれが	する（です）	だれ・なに	どこ
She	is	popular.	

Q ❸ それらはなんですか？

だれが	する（です）	だれ・なに	どこ
They	are	cups.	

Q ❹ それらはどんな状態ですか？

だれが	する（です）	だれ・なに	どこ
They	are	clean.	

68

テーマ4 わたしのすること

ステップ 3 絵をみながら、音声を聞いて文をかんせいさせよう！ 🎧 00

① わたしは教室にいます。

だれは	います（です）	だれ・なに	どこ
わたしは	います		教室に
I	am		in the classroom.

in をつかうよ

② わたしは英語を勉強します。

だれが	勉強します	だれ・なに	どこ
わたしは	勉強します	英語を	
I	study	English.	

③ かのじょは音楽の先生です。

だれが	です	だれ・なに	どこ
かのじょは	です	音楽の先生	
She	is	a music teacher.	

④ かのじょは音楽室を使います。

だれが	使います	だれ・なに	どこ
かのじょは	使います	音楽室を	
She	uses	the music room.	

「音楽室」は the music room をつかうよ

⑤ リサは新しいクラスメイトです。

だれが	です	だれ・なに	どこ
リサは	です	新しいクラスメイト	
Lisa	is	a new classmate.	

⑥ かのじょは英語を話します。

だれが	です	だれ・なに	どこ
かのじょは	話します	英語を	
She	speaks	English.	

ステップ 4 自分で英語の文を作ってみよう！

わたしとわたしの妹は家にいます。

だれが	する（です）	だれ・なに	どこ
My younger sister and I	are		at home.

「家に、家で」は at home を使うよ。

わたしはわたしの部屋にいます。

だれが	する（です）	だれ・なに	どこ
I	am		in my room.

わたしは英語の本を読みます。

だれが	する（です）	だれ・なに	どこ
I	read	an English book.	

わたしの妹はかのじょのへやの中で音楽を聞きます。

だれが	する（です）	だれ・なに	どこ
My younger sister	listens to	music	in her room.

「（音楽を）聞く」は listen to ～をつかうよ

72　73

テーマ4 わたしのすること

ステップ 3 絵をみながら、音声を聞いて文をかんせいさせよう！ 🎧 00

① かのじょたちはびじゅつかんの中にいます。

だれが	います	だれ・なに	どこ
かのじょたちは	います		びじゅつかんの中に
They	are		in the museum.

the をつかうよ

② かのじょたちはいくつかの切手を買います。

だれが	買います	だれ・なに	どこ
かのじょたちは	買います	いくつかの切手を	
They	buy	some stamps.	

いくつかのは some をつかうよ

③ ゆうたとはるきはかれらのお母さんを手伝います。

だれが	する（です）	だれ・なに	どこ
ゆうたとはるきは	手伝います	かれらのお母さんを	
Yuta and Haruki	help	their mother.	

④ かれらはお皿を洗います。

だれが	洗います	だれ・なに	どこ
かれらは	洗います	お皿を	
They	wash	the dishes.	

-es をつけるよ

⑤ わたしたちはサッカーをします。

だれが	する（です）	だれ・なに	どこ
わたしたちは	します	サッカーを	
We	play	soccer.	

⑥ これは新しいサッカーゲームです。

だれが	です	だれ・なに	どこ
これは	です	新しいサッカーゲーム	
This	is	a new soccer game.	

ステップ 4 自分で英語の文を作ってみよう！

わたしたちは公園にいます。

だれが	する（です）	だれ・なに	どこ
We	are		in the park.

わたしの弟は、体育館でバスケットボールをします。

だれが	する（です）	だれ・なに	どこ
My younger brother	plays	basketball	in the gym.

「体育館（の中）で」→ in を使うよ

わたしと友だちはテニスコートでテニスをします。

だれが	する（です）	だれ・なに	どこ
My friend and I	play	tennis	in the tennis court.

the をつかうよ

わたしたちは試合を楽しみます。

だれが	する（です）	だれ・なに	どこ
We	enjoy	the game.	

the をつかうよ

76　77

ステップ3 絵をみながら、音声を聞いて文をかんせいさせよう！ 🎧 00

❶ 生徒たちはのどがかわいています。

だれが	する（です）	どこ
生徒たちは	います	のどがかわいて
The students	are	thirsty.

❷ かれらは公園で水を飲みます。

だれが	する（です）	だれ・なに	どこ
かれらは	飲みます	水を	公園で
They	drink	water	in the park.

❸ かれらは学校で昼食を食べます。

だれが	する（です）	だれ・なに	どこ
かれらは	食べます	昼食を	学校で
They	eat	lunch	at school.

「学校で」は the を使わないよ

❹ わたしたちは教室でお茶を飲みます。

だれが	する（です）	だれ・なに	どこ
わたしたちは	飲みます	お茶を	教室で
We	drink	tea	in the classroom.

❺ わたしのお母さんは家でケーキを作ります。

だれが	する（です）	だれ・なに	どこ
わたしのお母さんは	作ります	ケーキを	家で
My mother	makes	a cake	at home.

「家で」は the を使わないよ

❻ わたしたちはそれが好きです。

だれが	する（です）	だれ・なに
わたしたちは	好きです	それが
We	like	it.

ステップ4 自分で英語の文を作ってみよう！

わたしはアイスクリームが好きです。

だれが	する（です）	だれ・なに	どこ
I	like	ice cream.	

妹 はケーキが好きです。

だれが	する（です）	だれ・なに	どこ
My younger sister	likes	cake.	

わたしたちはレストランでそれらを食べます。

だれが	する（です）	だれ・なに	どこ
We	eat	them	at the restaurant.

弟 は牛乳を飲みます。

だれが	する（です）	だれ・なに	どこ
My younger brother	drinks	milk.	

ステップ3 絵をみながら、音声を聞いて文をかんせいさせよう！ 🎧 00

❶ 朝、わたしはくだものを食べます。

だれが	する（です）	だれ・なに	どこ	いつ
わたしは	食べます	くだものを		朝
I	eat	fruit		in the morning

❷ 午後、わたしの弟はサッカーをします。

だれが	する（です）	だれ・なに	どこ	いつ
わたしの弟は	します	サッカーを		午後
My younger brother	plays	soccer		in the afternoon.

❸ わたしの妹は毎日スプーンを使います。

だれが	する（です）	だれ・なに	どこ	いつ
わたしの妹は	使います	スプーンを		毎日
My younger sister	uses	a spoon		every day.

❹ わたしは午後4時に図書館で本を読みます。

だれが	する（です）	だれ・なに	どこ	いつ
わたしは	読みます	本を	図書館で	午後4時に
I	read	books	in the library	at 4 p.m.

❺ なみえとまおは英語が好きです。

だれが	する（です）	だれ・なに	どこ	いつ
なみえとまおは	好きです	英語が		
Namie and Mao	like	English.		

❻ かのじょらは毎日、英語を勉強します。

だれが	する（です）	だれ・なに	どこ	いつ
かのじょらは	勉強します	英語を		毎日
They	study	English		every day.

ステップ4 自分で英語の文を作ってみよう！

わたしは8時に学校に行きます。

だれが	する（です）	だれ・なに	どこ	いつ
I	go to		school	at eight o'clock.

わたしたちは午後7時に夕食を食べます。

だれが	する（です）	だれ・なに	どこ	いつ
We	eat	dinner		at 7 p.m.

きょう、わたしの父は忙しいです。

だれが	する（です）	だれ・なに	どこ	いつ
My father	is	busy		today.

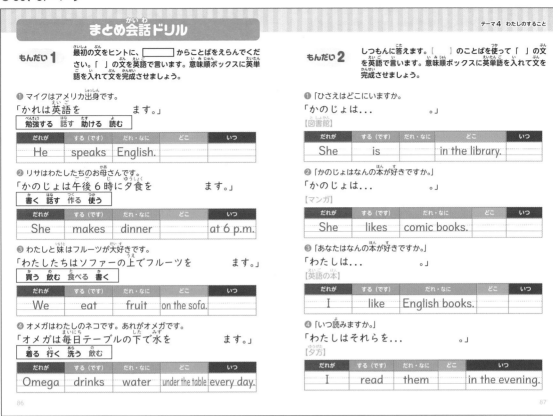

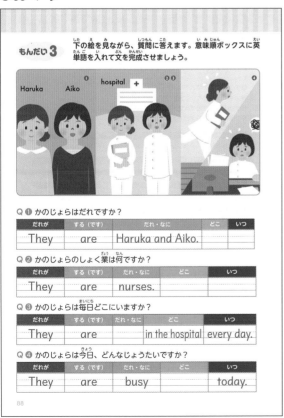

もんだい3 下の絵を見ながら、質問に答えます。意味順ボックスに英単語を入れて文を完成させましょう。

Q ① かのじょらはだれですか？

だれが	する（です）	だれ・なに	どこ	いつ
They	are	Haruka and Aiko.		

Q ② かのじょらのしょく業は何ですか？

だれが	する（です）	だれ・なに	どこ	いつ
They	are	nurses.		

Q ③ かのじょらは毎日どこにいますか？

だれが	する（です）	だれ・なに	どこ	いつ
They	are		in the hospital	every day.

Q ④ かのじょらは今日、どんなじょうたいですか？

だれが	する（です）	だれ・なに	どこ	いつ
They	are	busy		today.

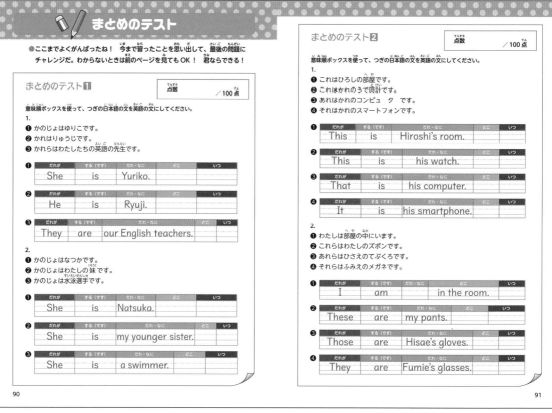

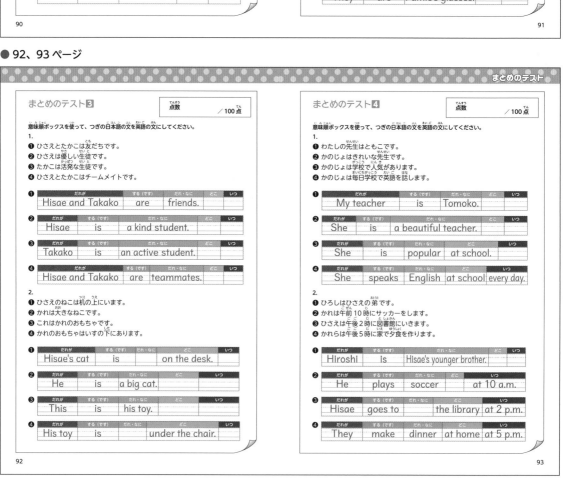

意味順ボックスを使って、つぎの日本語の文を英語の文にしてください。

❶ わたしはひろしです。
❷ わたしは生徒です。
❸ わたしは学校で英語を勉強します。
❹ ひさえはわたしのクラスメイトです。
❺ かのじょは朝に本を読みます。
❻ わたしたちは友だちです。
❼ わたしたちの英語の先生はあきらです。
❽ かれはいい先生です。
❾ わたしたちは毎日教室の中で英語を話します。
❿ かれは本を書きます。

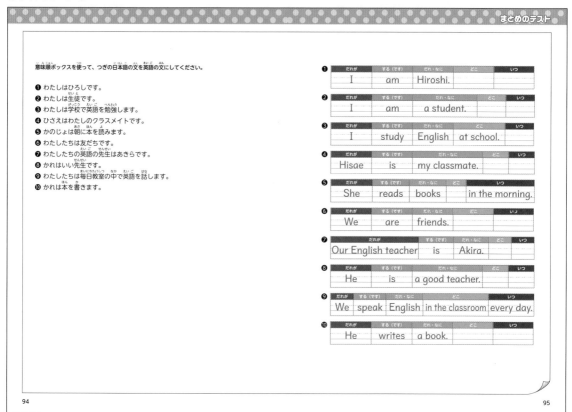

❶

だれが	する (です)	だれ・なに	どこ	いつ
I	am	Hiroshi.		

❷

だれが	する (です)	だれ・なに	どこ	いつ
I	am	a student.		

❸

だれが	する (です)	だれ・なに	どこ	いつ
I	study	English	at school.	

❹

だれが	する (です)	だれ・なに	どこ	いつ
Hisae	is	my classmate.		

❺

だれが	する (です)	だれ・なに	どこ	いつ
She	reads	books		in the morning.

❻

だれが	する (です)	だれ・なに	どこ	いつ
We	are	friends.		

❼

だれが	する (です)	だれ・なに	どこ	いつ
Our English teacher	is	Akira.		

❽

だれが	する (です)	だれ・なに	どこ	いつ
He	is	a good teacher.		

❾

だれが	する (です)	だれ・なに	どこ	いつ
We	speak	English	in the classroom	every day.

❿

だれが	する (です)	だれ・なに	どこ	いつ
He	writes	a book.		

この本で言えるようになる英語の文

テーマ1　自分・家族・友だち

レッスン1　自分について言う（じこしょうかい）

わたしはひろしです。I am Hiroshi.

わたしは少女です。I am a girl.

わたしはあいこです。I am Aiko.

わたしは先生です。I am a teacher.

わたしはせいとです。I am a student.

レッスン2　相手について言う

あなたはわたしの友だちです。You are my friend.

あなたはわたしのクラスメイトです。You are my classmate.

あなたは日本人です。You are Japanese.

あなたは先生です。You are a teacher.

あなたはわたしのチームメイトです。You are my teammate.

あなたはわたしの先生です。You are my teacher.

あなたはかのじょの先生です。You are her teacher.

レッスン3　家族について言う

かのじょはわたしの妹です。She is my younger sister.

かれはわたしのおじいさんです。He is my grandfather.

かれはわたしのおにいさんです。He is my older brother.

わたしはかのじょのおねえさんです。I am her older sister.

かのじょはかれのおばさんです。She is his aunt.

レッスン4　まわりの人たちについて言う

かのじょらはミュージシャンです。They are musicians.

わたしたちはサッカー選手です。We are soccer players.

あなたたちはバスケットボール選手です。

You are basketball players.

かれらは画家です。They are painters.

かのじょはかれらのバスの運転手です。

She is their bus driver.

かれらはわたしたちのえいごの先生です。

They are our English teachers.

テーマ2　身のまわりのもの

レッスン1　いろいろなものについて説明しよう①

あれはノートです。That is a notebook.

これは消しゴムです。This is an eraser.

これは本です。This is a book.

それはスマートフォンです。It is a smartphone.

あれは教科書です。That is a textbook.

あれはけいこです。That is Keiko.

これはかのじょのえんぴつです。This is her pencil.

レッスン2　いろいろなものについて説明しよう②

これはかれのリュックです。This is his backpack.

あれはひろしのスプーンです。That is Hiroshi's spoon.

これはあなたのカップです。This is your cup.

あれはかれのリュックです。That is his backpack.

それはかのじょの写真です。It is her picture.

これはひさえのうで時計です。This is Hisae's watch.

これはしほの写真です。This is Shiho's picture.

これはかのじょの妹です。This is her younger sister.

レッスン3　いろいろなものについて説明しよう③

これらは切手です。These are stamps.

あれらは封筒です。Those are envelopes.

これらは車です。These are cars.

あれらは窓です。Those are windows.

あれらはカーテンです。Those are curtains.

それらはおもちゃです。They are toys.

わたしたちは水泳選手です。We are swimmers.

これらはバスタオルです。These are bath towels.

わたしたちは友だちです。We are friends.

レッスン4　いろいろなものについて説明しよう④

それらはかのじょのスニーカーです。They are her sneakers.

これらはわたしの手紙です。These are my letters.

あれらはおはしです。Those are chopsticks.

これはわたしのバッグです。This is my bag.

これらはわたしのメガネです。These are my glasses.

テーマ3　形・ようす・気持ち

レッスン1　どんな形・ようすか、伝えよう

ひさえはねむいです。Hisae is sleepy.

しょうへいは親しみやすいです。Shohei is friendly.

さくらはしあわせです。Sakura is happy.

さくらは悲しいです。Sakura is sad.

なつかはいそがしいです。Natsuka is busy.

レッスン2　どんなじょうたいか、伝えよう

わたしはおなかがすいています。I am hungry.

わたしのお父さんは怒って（いる状態）です。My father is angry.

わたしのおじいさんは年をとっています。

My grandfather is old.

かれはつかれています。He is tired.

かのじょは人気者です。She is popular.

あなたのコンピューターははやいです。Your computer is fast.

けいは強いです。Kei is strong.

ゆうたは若いです。Yuta is young.

ゆうたはきんちょうしています。Yuta is nervous.

レッスン3　どんな人か、伝えよう

あなたは親切です。You are kind.

かのじょは新しい先生です。She is a new teacher.

それは有名な本です。It is a famous book.

それはすばらしいです。It is wonderful.

ひろしはおもしろい男の子です。Hiroshi is a funny boy.

はるかはかわいい女の子です。Haruka is a cute girl.

わたしのかばんは大きいです。My bag is large.

それは重いです。It is heavy.

ちかのかばんは新しいです。Chika's bag is new.

レッスン4　どこにあるか、伝えよう

パンダはわたしたちの近くにいます。The panda is near us.

犬はソファの上にいます。The dog is on the sofa.

妹はわたしのとなりにいます。My younger sister is next to me.

マロンはテーブルの下にいます。Maron is under the table.

はなこは動物園にいます。Hanako is in the zoo.

うさぎたちはいすの近くにいます。

The rabbits are near the chair.

たくさんの動物が動物園の中にいます。

Many animals are in the zoo.

テーマ4　わたしのすること

レッスン1　何をするか、伝えよう

わたしは本を読みます。I read a book.

わたしは英語を勉強します。I study English.

かのじょは音楽室を使います。She uses the music room.

かのじょはえいごを話します。She speaks English.

妹は音楽を聞きます。My younger sister listens to music.

レッスン2　どこでするか、伝えよう

わたしたちはお店で本を買います。We buy a book at the store.

ゆうたとはるきはかれらのお母さんを手伝います。

Yuta and Haruki help their mother.

かれらはお皿を洗います。They wash the dishes.

わたしたちは公園にいます。We are in the park.

わたしの弟は、体育館でバスケットボールをします。

My younger brother plays basketball in the gym.

わたしたちは試合を楽しみます。We enjoy the game.

レッスン3　好きなものを伝えよう

かのじょはフルーツが好きです。She likes fruit.

かれらは公園で水を飲みます。They drink water in the park.

わたしたちは教室でお茶を飲みます。

We drink tea in the classroom.

わたしのお母さんは家でケーキを作ります。

My mother makes a cake at home.

わたしたちはそれが好きです。We like it.

レッスン4　いつするか、伝えよう

わたしは夜、パジャマを着ます。

I wear pajamas in the evening.

朝、わたしはくだものを食べます。I eat fruit in the morning.

午後、弟はサッカーをします。

My younger brother plays soccer in the afternoon.

かれらは毎日、英語を勉強します。

They study English every day.

わたしは朝、8時に学校に行きます。

I go to school at eight o'clock in the morning.

わたしたちは、夜7時に夕食を食べます。

We eat dinner at 7 p.m.

きょう、わたしのお父さんは忙しいです。

My father is busy today.

●監修者紹介
田地野　彰 (Akira Tajino)
名古屋外国語大学教授。京都大学名誉教授。専門は、教育言語学・英語教育。言語学博士 (Ph.D.)。「意味順」に関する著書としては、『＜意味順＞英作文のすすめ』(岩波ジュニア新書，2011)、『NHK基礎英語中学英語完全マスター「意味順」書き込み練習帳』(NHK出版，2014)、『「意味順」でまるわかり！どんどん話すためのカンタン英作文』(Jリサーチ出版，2018)；、『「意味順」だからできる！絵と図でよくわかる小学生のための中学英文法入門』(Jリサーチ出版，2020)、『「意味順」式　イラストと図解でパッとわかる英文法図鑑』(KADOKAWA，2021) など。また、「意味順ノート」(日本ノート)やNHKテレビ語学番組Eテレ「基礎英語ミニ」(2012年度上半期)の監修、NHKラジオテキスト『基礎英語1』(2013年度・2014年度) と『ラジオで！カムカムエヴリバディ』(2021年度) にて連載を担当。

●著者紹介
中川　浩 (Hiroshi Nakagawa)
近畿大学 情報学部 講師。専門は英語教育学。教育学博士 (Ed.D.)。アメリカ・モンタナ州のCarroll大学を経て英語教授法の学位を取得。その後、アリゾナ州、カンザス州でアメリカ人を含む他国の学生に英語を教えるとともに、ESLプログラムを統括。Fort Hays State Universityで修士号取得、現地のESL教員養成プログラムの構築に関わる。約10年間アメリカにて英語教育を行ったのち、日本に帰国し大学教員となる。2017年にNorthcentral Universityで博士号取得。自身の異文化経験を背景に学習者一人一人の英語力を伸ばす授業や教材づくりを心がけている。意味順に関する著書としては、『「意味順」で学ぶ英会話』(日本能率協会マネジメントセンター出版，2015)、『「意味順」だからできる！小学生のための英文法ドリル1be動詞マスター』(Jリサーチ出版，2019)、『「意味順」だからできる！小学生のための英単語ドリル はじめの一歩1』(Jリサーチ出版，2021) などがある。
Twitter @Hironakagawaa

カバーデザイン・イラスト	有限会社ウエナカデザイン事務所
本文デザイン・DTP	アレピエ／平田文普
本文イラスト	Tsuki ／佐土原千恵子
音声録音・編集	一般財団法人英語教育協議会 (ELEC)

「意味順」だからできる！
小学生のための英語総まとめドリル① 3・4年生

令和4年（2022年）7月10日　初版第1刷発行

監修者	田地野彰
著　者	中川浩
発行人	福田富与
発行所	有限会社Jリサーチ出版
	〒166-0002　東京都杉並区高円寺北2-29-14-705
	電　話 03(6808)8801(代)　FAX 03(5364)5310
	編集部 03(6808)8806
	https://www.jresearch.co.jp
	Twitter公式アカウント @Jresearch_　https://twitter.com/Jresearch
印刷所	シナノ パブリッシング プレス

ISBN 978-4-86392-552-6　禁無断転載。なお、乱丁・落丁はお取り替えいたします。